经济管理学术文库·经济类

研究型合资企业的发展
——国家能力视角下的研究

The Development of RJV
—Research from the Angle of State Capacities

刘婷婷 / 著

经济管理出版社
ECONOMY & MANAGEMENT PUBLISHING HOUSE

图书在版编目(CIP)数据

研究型合资企业的发展:国家能力视角下的研究/刘婷婷著. —北京:经济管理出版社,2012.1

ISBN 978 - 7 - 5096 - 1762 - 5

Ⅰ.①研… Ⅱ.①刘… Ⅲ.①合资企业—企业发展—研究 Ⅳ.①F276.43

中国版本图书馆 CIP 数据核字(2011)第 277104 号

出版发行:**经济管理出版社**

北京市海淀区北蜂窝 8 号中雅大厦 11 层

电话:(010)51915602　　邮编:100038

印刷:北京银祥印刷厂　　　　　　　　经销:新华书店

组稿编辑:王光艳　　　　　　　　　　责任编辑:魏晨红

技术编辑:杨国强　　　　　　　　　　责任校对:蒋　方

720mm × 1000mm/16　　　　12.25 印张　　　188 千字

2012 年 1 月第 1 版　　　　　2012 年 1 月第 1 次印刷

定价:38.00 元

书号:ISBN 978 - 7 - 5096 - 1762 - 5

序　言

第二次世界大战以后，技术变革对经济的影响日益凸显。为了在激烈的国际竞争中取胜，各国纷纷构建了自己的技术创新体系，用以推动经济增长方式的转变。通常，由于企业、大学、科研院所、政府研究机构等研发主体各自独立研发的资源和能力有限，因此，很多国家都十分重视对合作研发活动的理论研究，并积极构建用以促进研发合作的各种制度体系。

合作研发的形式具有多样化的特征。其中，在美国、日本、澳大利亚以及一些欧洲国家，一种促进技术创新的合作研发模式在政府的积极引导和资助下迅速发展起来，并给这些国家的经济发展带来了显著的绩效。这种企业组织模式在发达国家的研究文献中被称为 Research Joint Venture（缩写为 RJV），即研究型合资企业。Link 和 Bauer（1989）将狭义的 RJV 定义为：以研发为目的、至少由两个以上企业联合控制的新实体。RJV 与中国的产学研合作组织类似，都是促进合作研发活动的组织模式。而相比之下，发达国家 RJV 的发展相对较早，其相应的制度体系比较完善，运行模式也更加成熟。作为一种促进技术创新的现代企业组织模式，RJV 已经对西方发达国家的经济增长起到了显著的推动作用。这种企业模式有别于松散的技术联盟，是一种合作关系相对紧密的组织选择。虽然 RJV 在各发达国家的发展路径并不完全一致，但由于 RJV 具有企业的基本性质和特征，因此在融资机制、利益分配以及内部的管理和监督方面可能会给合作带来更高的经济绩效。研究 RJV 的国际发展状况、经济绩效及其在中国的发展现状和前景对于中国产学研合作的发展方向具有重要意义。

通常，对企业组织的深入探讨是微观研究领域中的一个问题。然而，微观组织的发展通常会受到宏观因素的影响。在发达国家 RJV 的发展过程中，国家充分体现了一种包括制度能力在内的综合能力。刘婷婷所著的《研究型合资企业的发展——从国家能力视角下的研究》将促进一国经济发展的"源"动力——国家能力——作为宏观层面的切入点，从国家能力这个内涵丰富的概念中将促进经济发展的能力提取出来，并赋之以崭新的内涵，构建了一个从"认知"到"反思"的国家能力分析框架。本书将"认知—决策—实现—反思"的理论框架作为评价国家促进经济发展、尤其是促进微观经济组织发展的能力考查标准，并基于该框架路线逐一分析和论证 RJV 对经济的促进作用、RJV 在中国发展的可行性、RJV 在中国发展的经济措施以及 RJV 组织模式在中国的演化。

本书的特色和创新之处主要包含以下几个方面：①从宏观层面上来看，本书为国家促进经济发展的能力赋予了崭新的内涵，即提出这种能力按阶段包含四个层面的内容，即"认知"能力、"决策"能力、"实现"能力和"反思"能力。②RJV 是不同研发主体为促进技术创新而共建的企业组织，它有别于松散的技术联盟。国内有关产学研合作研发的文献中涉及对实体模式的研究并不多，而且大多停留在较为宏观的角度上，对具体的组织模式和运行机制并没有详尽的比较和分析。本书对这种组织模式进行了深入研究，通过借鉴国际经验并结合中国国情探讨在中国积极发展 RJV 的必要性和可行性。③本书将国家能力这一宏观经济问题与 RJV 这个微观经济问题相结合进行分析和研究。构建国家能力和企业组织发展之间的逻辑关系，分析国家能力对发达国家 RJV 发展的综合效应，并研究如何通过理性发挥中国的国家能力来促进 RJV 在中国的发展。

由于论题的复杂性以及作者自身学识和能力的限制，书中难免存在一些不足和缺陷之处。希望读者对此提出宝贵的意见和建议，以帮助刘婷婷进一步完善她的研究。我也期待她能够在这一个领域的后续研究中取得更加丰硕的成果。

景维民

2011 年 12 月

目　录

第一章 导 论

本书基于马克思政治经济学的原理和辩证思想，结合西方经济学理论的分析方法，以国家能力为研究视角，尝试分析发达国家合作研发的发展规律、成功经验以及国家能力的核心作用，进而探求有利于中国产学研合作研发活动的影响因素以及重塑国家能力的可能。

第一节 国家能力与研究型合资企业问题的提出

20 世纪 80 年代，在日本的一系列重大经济措施的刺激之下，美国出现了明显的技术政策转移，并于 1984 年出台了国家合作研究法案（National Cooperative Research Act），为美国企业技术联盟的发展提供了政策支持。1985 年 1 月成立的微电子与计算机技术公司（MCC）一度成为 RJV 的典范。MCC 最初是一个由行业中 20 家企业共同投资建立的合作研究机构，其成员曾经包括信息技术产品领域的优秀企业、政府研发机构以及一流的大学。从 1985 年 1 月 1 日到 1995 年 12 月 31 日，美国共有 575 个 RJV 宣布成立。20 世纪 90 年代，联邦政府启动了 TRP 和 ATP 等研究项目以共同资助长期、高风险工业研究。ATP 为那些促进国民经济发展的高风险技术研发和应用提供支持，RJV 就是 ATP 资助的组织模式之一。ATP 尤其鼓励企业之间合作进行的大项目开发，并通过 RJV 在"不同企业之间"或"小型供应商与用户之间"建立联系。根据 ATP 的项目数据，有大学和企业作为合作伙伴的 RJVs 的社会收益是很高的。

日本成功的国家创新体系使其在过去的 50 多年里从一个经济近乎瘫痪的战败国发展成为一个在世界经济中占主要地位并在许多高新技术行业与

制造业具有领先优势的经济大国。经济产业省（METI，原 MITI）制定了一系列政策鼓励企业之间的合作研发计划，其在电子行业开创的合作研究联盟使日本在计算机主机生产和大规模集成电路领域中获得了巨大的成功。VLSI 联合体（1976～1979）通常被视为日本最成功的合作企业，由 MITI 资助，其目标是开发高级半导体技术。企业成员包括 Fujitsu、NEC、Hitachi、Mitsubishi 和 Toshiba。VLSI 联合体的组织载体是一个工程研究协会（Engineering Research Association，ERA），由联合体的五个企业成员组成。日本的 ERA 体系是政府分配研发补贴的重要途径。ERA 为具体项目而组织建立，通常在项目完成以后解体，且不受《反垄断法》的监管。

欧盟参与研发合作的历史可以追溯到《罗马条约》(The Treaty of Rome，1957，以下简称《条约》)。《条约》决定建立联合研发中心（Joint Research Centre，JRC），并对成员国的组织进行研发资助。20 世纪 80 年代早期，欧洲各国开始意识到自身企业在创新和全球市场份额方面（尤其是 IT 行业）与美国和日本的差距。1984 年，ESPRIT－1① 成立。这个重要的信息技术与通信项目最初是在行业里重要的竞争企业之间形成的。该项目不断扩大并逐渐囊括了众多技术领域的多样化合作研发项目。每轮框架项目的持续时间为 4 年，立足于将企业、大学和研究机构之间的研发合作变成欧洲科技体系的基本特征。自 1984 年至今，6 轮框架项目已经成功完成。目前，第 7 轮框架项目（FP7）正在运行当中（2007～2013）。FWPs 的核心目标是汇集不同欧洲国家的企业、大学和研究实验室的多样化互补技术能力以追求共同的技术目标（European Commission，1997）。欧盟委员会可以为企业提供合作研究成本的 50%。除了 FWPs，欧盟还支持成立其他的组织。1985 年，17 个国家与欧盟委员会共同发起建立了 EUREKA。EUREKA 是一个工业研发网络，其中不同欧洲国家的工业、研究组织与欧委会可以共同研发技术，进而通过促进以市场为导向的合作研发来提高欧洲的竞争力。EUREKA 目前由 39 个成员组成（包括 38 个成员国和欧盟）。

在澳大利亚，合作研究中心（Cooperative Research Center，CRC）与

---

① ESPRIT－1，全称为 The European Strategic Programme of Research in Information Technologies 1，首轮研发框架项目（FP1）．

RJV 的性质相似。CRC 是由企业和研究者合作形成的公司，它包括私人机构（大企业和小企业）、工业协会、大学、政府研究组织（如 CSIRO①），以及其他终端用户（End Users）。② CRC 项目自 1991 年启动以来共经历了10 轮筛选，先后有 168 个 CRC 成立。目前，澳大利亚有 49 个 CRC 分布在6 个部门中。经过批准的 CRC 需要与澳大利亚政府签订正式协议。CRC 项目的目标是"支持以终端用户为驱动、建立于终端用户与公共资助研究者之间的研究合作关系，进而应对那些需要中长期合作投入的重要挑战，最终给澳大利亚带来重大经济、环境和社会效益"。③ 自 CRC 项目运行以来，所有成员共向 CRC 投入了 123 亿多澳元的资金与非现金资本，CRC 项目是澳大利亚的大学可以申请的最大的研究资助项目。

综上所述，我们可以看到，发达国家合作研发的主要目标、运行模式，以及相应制度的构建都各具特点，并形成了比较稳定和有效的发展机制。相比之下，虽然中国产学研合作的发展成就突出，但在实践中仍存在众多问题，体现出并不十分成熟的发展状况。

在中国的社会主义现代化建设中，产学研合作已成为技术创新的基本组织形式。1986 年，当时的国家经济贸易委员会、国家教育委员会和中国科学院商定成立了"经济科技合作协调小组"，在全国 100 个大中型企业中推行"百项合作计划"。此后，国家又开始实施"星火"和"火炬"计划。1988 年，我国第一个科技工业园区"中关村科技园"经中央政府正式批准建立。1992 年，当时的国家经济贸易委员会、国家教育委员会和中国科学院共同发起了"产学研联合开发工程"计划，④ 通过企业与大学、科

① CSIRO，全称为 Commonwealth Scientific and Industrial Research Organisation，联邦科学与工业研究组织。

② 该定义取自澳大利亚 CRC 官方网站，网址：http://www.crc.gov.au/Information/default.aspx。2008 年的 CRC 项目评估报告提出了对 CRC 的两种界定方法，一种是"以终端用户为中心的研究型合资企业（Research Joint Venture）"，其合作伙伴利用各自投入的资源以及政府通过 CRC 项目提供的帮助，为一个互惠目标而共同努力；另一种界定是"以商业化和应用性研究为重点的独立研究组织"，该组织由公共合作伙伴、私人合作伙伴，以及 CRC 项目资金共同资助完成。该报告建议澳大利亚采纳第一种界定方法。

③ 早期的项目指南强调竞争前技术的战略性研究和可以直接应用或商业化的短期研究，近期则主要突出强调研发结果的直接利用与商业化问题。

④ 翟瑞升、杨紫薇：《我国产学研合作发展理论初探》，《华商》2007 年第 26 期。

研院所进行技术转让、共建技术中心、共同研究课题、共办高科技实体等产学研形式有效地促进了科技力量与经济主战场的融合，涌现了一批如北大方正、[①] 清华同方等大学/科研院所自办或与企业共建的知名企业，取得了明显的经济效益和社会效益。1999 年，国家科技部、教育部下发了《关于开展大学科技园建设试点的通知》，很大程度上促进了大学科技园的规划和建设。目前被列入试点建设的国家级大学科技园有 22 个，其中清华大学科技园、上海交通大学科技园、东北大学科技园等较为成功。[②]

21 世纪以来，我国制定了《国家中长期科学和技术发展规划纲要 (2006～2020)》。《纲要》指出，现阶段具有中国特色的国家创新体系建设的重点是建设"以企业为主体、产学研结合的技术创新体系，并将其作为全面推进国家创新体系建设的突破口"。2006 年年底，科技部、财政部、教育部、国务院国有资产监督管理委员会、全国总工会、国家开发银行在科技部联合成立了"推进产学研结合工作协调指导小组"，决定按照《国家中长期科学和技术发展规划纲要 (2006～2020)》配套政策的要求，加强统筹协调，共同开创产学研结合工作的新局面。2007 年 11 月，"中国产学研合作促进会"成立。中国产学研合作促进会是以产学研合作为平台，以提升自主创新能力，促进创新成果商品化、产业化、国际化为目标的全国性、非营利性的社会团体。300 多位产学研等方面的代表和业界精英成为促进会的会员。作为一个全国性的产学研合作促进组织，中国产学研合作促进会的成立将进一步加强和扩大科技工作者与产业界的联系，为推动我国产学研合作创新和科技成果转化迈向一个新阶段做出应有的贡献。促进会还可以作为中国唯一一个产学研合作社会团体加入国际产学研组织，有利于与国际产学研组织接轨，学习国外产学研合作的先进经验，推进产学研合作向国际化发展。与此同时，一系列促进产学研合作的政策法规也相继出台，如 2007 年 12 月 29 日修订通过、2008 年 7 月 1 日施行的《科技

---

① 北大方正在国内首创产学研合作体，在电脑软件、激光照排、系统集成、指纹识别以及多媒体制作方面雄踞国内同行业榜首。该集团开发的汉字激光照排系统已占领 99% 的国内电子出版市场和 80% 的海外华文报业市场。

② 刘力：《走向"三重螺旋"：我国产学研合作的战略选择》，《北京大学教育评论》2004 年第 4 期。

进步法》的第三十条："国家建立以企业为主体，以市场为导向，企业同科学技术研究开发机构、高等学校相结合的技术创新体系，引导和扶持企业技术创新活动，发挥企业在技术创新中的主体作用。"

尽管产学研合作成果突出，但仍然存在若干显著问题。中国产学研合作促进会筹委会主任徐志坚对此提出了三个方面的具体问题。[①] ①创新成果的应用化程度较低。来自教育部的调查结果表明，我国高校目前虽然每年取得 6000～8000 项科技成果，但真正实现成果转化与产业化的还不到 1/10。②政府对产学研合作的引导和协调角色没有得到充分发挥。改革开放以来，政府职能部门在组织引导产学研合作上做了大量工作，但总地来看，在产学研合作链上，政府、大学及研究机构、企业、风险投资机构、技术中介机构是独立的要素主体存在，各要素主体之间相互作用的市场化机制还没有很好建立，完善的科技创新链尚未形成，合作的总体效率不高。③利益共享和风险共担的机制不够完善。在一些产学研合作的案例中，企业积极性很高，高校和科研机构提供的技术也很好，但合作的过程却非常艰难。其中一个重要的原因就是在产学研各方的利益未能得到很好的分配，各方对技术成果及其产业化的价值存在着不同的认识。合作初期，根据各方的要求和谈判地位的不同，可能还比较容易达成一定的协议，但随着合作项目的进行，成果实现了产业化并产生了经济效益时，常会因利益分配或知识产权归属等问题发生矛盾，影响开发成果的质量和联合创新向新的深度和广度发展。

基于上述研究背景，我们可以看到，产学研合作研发的实践活动在我国起步相对较晚。发达国家在实践中不断探索并积累了丰富的研发合作经验，而更重要的是在这几十年中，这些国家根据自身的资源状况和特点已经形成了相对稳定和有效的合作研发机制与联合模式。从技术研发到产品开发的完整而有效的路径帮助这些国家实现了技术本身真正的意义和价值，并加速推动其技术创新的良性循环，各种资源本身的价值能够由于一种理性的连接而趋向于成本最低和效益最大的预期。鉴于我国联合研发的

---

① 徐志坚：《以产学研合作为突破口，加快建设国家创新体系》，《中国科技产业》2007 年第 1 期。

现状以及与发达国家之间存在的差距，笔者认为，十分有必要对技术的联合研发进行深入和细致的研究，进而找出长久以来影响我国合作研发过程中组织创新和协作绩效的各种因素。这些因素可能包括：合作研发的具体组织模式以及联合的松散程度、政府在合作研发中的角色、对不同阶段技术研发的选择、从技术研发到成果商业化过程中的连接机制、合作研发的资金来源分布、研发成果的归属和利益分配原则，以及对合作的管理和监督方法等。这些内容虽然在国内有关产学研合作方面的文献中有所涉及，但是大多停留在宏观描述的层面上，缺少微观的比较和分析以找到深层次的制约因素。

在上述众多影响因素中，研发合作的组织模式选择是十分重要的。研究型合资企业（RJV）是一种促进多方研发主体合作的微观组织模式，其作为一种促进技术创新的现代企业组织模式已经对西方发达国家的经济增长起到了显著的推动作用。这种企业模式有别于松散的技术联盟，是一种合作关系相对紧密的组织选择。虽然 RJV 在各发达国家的发展路径并不完全一致，但由于 RJV 具有企业的基本性质和特征，因此在融资机制、利益分配以及内部的管理和监督方面可能会给合作带来更高的经济绩效。研究 RJV 的国际发展状况、经济绩效及其在中国的发展现状和前景对于中国产学研合作的发展方向具有重要意义。当前，中国产学研合作模式中存在一种"共建实体模式"。然而需要指出的是，在发达国家的 RJV 中，企业之间合作研发的情况较多，通常，不同企业为了分摊研发成本、共担研发风险而共建 RJV 进行合作研发。相比之下，中国产学研合作中的实体模式大部分是企业和大学为了将技术推向产业化阶段而建立的企业模式。那么，与国外经验类比以后，我国是否能够通过构建更为适宜的运行模式而取得更加显著的绩效、我们是否能够通过国际比较和分析论证为我国的技术创新体系找到一个更为可行和有效的发展方向等问题是本书将要探索的内容。

第二节　相关研究的回顾与综述

本书涉及三个重要研究内容：国家能力、研究型合资企业和产学研合作研发。下面对以上领域的相关研究文献进行回顾和梳理。

一、关于研究型合资企业（RJV）的相关研究

关于 RJV 的相关研究主要包括：RJV 内涵的界定、RJV 的形成动机与影响因素、RJV 经济绩效的评价以及相关模型的研究。

1. 关于 RJV 的定义

RJV 作为一种企业组织形式和有效的创新路径在发达国家已被广泛承认，不同学者和机构纷纷对 RJV 的内涵给予了界定。Link 和 Bauer（1989）将狭义的研究型合作组织（RJVs）定义为一个以研发为目的、至少由两个以上企业联合控制的新实体。广义上说，该定义可以将研究联盟扩展进来。[①] Schmalensee 和 Willig（1992）提出，RJV 是一个由两个或更多企业联合起来形成的新的企业，通常计划进行一个特定的研究项目。OECD 指出 RJV 是一种合作体，成员积极参与研发项目。[②] 美国竞争力委员会（1996）将 RJV 界定为"企业、大学、政府机构和实验室以不同的组合形式集中资源以追求共同研发目标的一种合作安排"；Nicholas Vonortas（1997）将研究合作组织（RJVs，也称为研究合资企业，研究联合体）定义为两个或两个以上的企业为了从事研究开发而共同控制形成的一个新组织，成员企业在研发阶段合作（协调研发投资、分享信息、避免重复投入），在产出阶段竞争，是反垄断法接受的一种合作创新组织形式。David Ulph（1999）将研究型合作企业（RJV）视为"一个机制"，企业能够以一种合作的方式对与研发有关的所有方面做出决定，尤其在研究的设计和协调、研发协调以及对研究成果的信息分享三个方面。Elena Revilla 和 Juan Acosta（2004）将 RJV 定义为一个合作协议，其中两个或更多的合作机构（企业和/或公共研究机构）通过一个合作项目协调其研发活动，并分享由这种联合所带来的知识。在理想的状态下，合作成员将他们在之前自身发展过程中所积累下来的知识（以技术、人才或者方法的形式）带到新建立的项目中，并期望这种知识的结合能够给所有相关成员带来收益。

---

① RJV 可以是纵向的（在独立的研究者和厂商之间建立），也可以是横向的（互为竞争者的厂商聚集资源）。

② OECD Oslo Manual（1994）.

Yannis Caloghirou、Nicholas Vonortas 和 Stavros Ioannides（2004）指出，RJV 是一种战略技术联盟，由至少两个参与实体联合控制，主要目的是参与联合研发活动。成员实体可以包括企业、大学和其他政府机构。

综上所述，研究型合资企业（RJV）的定义可以分为广义和狭义两种。狭义的 RJV 可以定义为由不同研发主体（包括企业、大学以及政府实验室等）联合组建的、以合作研发为主要目的的企业组织模式。[①] 广义的 RJV 则可以将各种技术研究联合体扩展进来。发达国家的 RJV 模式与中国产学研合作之间存在着不同之处。首先，在 RJV 中，企业之间组建联合研发实体的情况较多，而中国产学研合作中企业主要与大学或研究机构建立合作研发关系。其次，RJV 整体上看是一种相对紧密的合作研发模式，而中国的产学研合作模式较为松散。再次，RJV 中的成员企业通常在研发阶段合作，在产出阶段竞争。而中国产学研模式中企业和大学/科研院所合作以期顺利完成产业化目标的情况居多。前者的合作动机主要是分摊研发成本、降低研发风险，以及将外溢内部化等，而后者则与经济收益有较大的关联性。

2. 关于 RJV 的形成动机和影响因素

RJV 的形成动机和影响因素一直以来都是该领域学者关注的重要问题，很多学者提出相关假设并对其进行论证和检验。目前，学者们普遍赞同的观点是：将外溢内部化、成本分摊以及行业不对称性（包括企业规模的不同和所生产产品的互补性等）是影响 RJV 形成的重要动机和决定因素。齐欣和刘婷婷（2007）对 RJV 形成动机和绩效的文献进行了系统梳理：[②]

Röller、Tombak 和 Siebert（1996）认为，大企业比小企业有更大的动机进行研发投资。而且大企业为了提高市场势力，不愿与小企业一起组建 RJV。Mihkel（1997）等分析了企业参与 RJV 的动机和决定因素，他们通过经验研究提出的两个重要动机包括：将与研发相关的外溢内部化（即克服"搭便车"现象）和通过分担研发支出来节约成本（避免重复开发）。

---

① 刘婷婷：《研究型合资企业（RJV）的国际发展路径及其政策启示》，《商业研究》2009年第 9 期。

② 齐欣、刘婷婷：《研究型合作企业（组织）发展综述》，《生产力研究》2007 年第 11 期。

Röller 认为，当研发成果外溢到其他公司时，独立研发的动机就会减少（"搭便车"效应），如果企业要形成一个全包（All - Inclusive）RJV（或者选择合作进行研发投资），外溢就会被内部化，进而使有效研发投资增加，福利提高。但与此同时，成本的分摊又会导致单个公司的研发投资减少。至于"搭便车"效应和"成本分摊"二者哪个最终会占据主导地位，取决于行业本身的特征和 RJV 的规模。作为形成 RJV 的一个动机，有事实证明成本分摊更为重要。

除了"搭便车"和"成本分摊"这两个在已有文献中频繁出现的影响因素以外，Mihkel 等（1997）还构建了一个理论模型，把焦点放在企业多样化和产品市场的特点上，将二者作为企业决策是否加入 RJV 的决定因素。他们得出的结论是：大企业为了增加自身的市场势力通常不愿和小企业一起组建 RJV，决定两个企业是否要合作形成 RJV 的一个重要因素是它们的规模相似。他们的研究还发现，RJV 往往易于在销售互补产品的企业间形成。虽然没有证据表明这种互补具有普遍性，但 Mihkel 等通过考察发现，对于部分行业来说（很可能是纵向关联的行业），互补性尤其可以增加 RJV 的形成概率，且这一经验发现和其论文中的理论模型是一致的。

Navaretti 等（1999）提出生产互补产品的企业更可能联合。合作伙伴的不对称性是企业加入 RJVs 的一个决定因素，这与 Veugelers 和 Kesteloot（1996）的观点一致。Herman、Marin 和 Siotis（1999）的一篇论文又一次证明了该领域的核心论点，即"将外溢内部化"是 RJV 形成的重要决定因素。而且，市场集中度对于 RJV 的形成有着积极的影响。该篇论文还发现了企业规模的重要性，提出（被资助的欧洲）RJV 的形成主要是"大企业现象"。此外，一个企业曾经的合作研究经历能很大程度上提高其形成 RJV 的可能性。

欧盟委员会资助的一个研究项目对 RJV 的动机、战略和成果做了一次最为广泛的调查。调查结果揭示，企业加入特定 RJV 的主要动机有：建立新联系、获得互补资源和技术、获得技术知识、与主要的技术发展保持一致，以及研发成本的分摊。①

Yannis Caloghirou 等（2004）认为，合作研发动机可能包括下面一个或几个：研发成本分摊；减少重复性研发；风险分摊，减少不确定性；将外溢内部化；研发投入的连续性，融资渠道；获得互补资源和技术的途径；研究的协和作用；现有资源的有效配置，进一步开发资源基础；战略机动性，进入市场，创造投资选择；技术标准的提高；市场势力；法律和政治优势。

Röller 等（2005）对企业参与 RJV 组建的原因进行了分析，他们认为，除了上述几个重要动机以外，决定两个企业联合形成 RJV 的重要因素还包括：企业规模不同、RJV 中的成员数量、企业所在的行业以及 RJV 对研发投资的影响。当企业处于不同行业时，不会面临很强的产品市场竞争，从而研发支出方面较小的变化对于其形成 RJV 来说都可能是足够的动机，而且不同行业的企业可能是垂直关联的，因为资产的互补性，它们形成 RJV 的动机也会增加。Röller 等还发现，经常参与 RJV 的企业不太可能再进一步参与其他 RJV，也就是说，RJV 的收益在递减。此外，他们也得出"企业规模越相似，便越有可能形成 RJV"的结论。Rosen（1991）在他的理论分析中发现，企业规模的不同能使企业强调不同类型的研发目标，大企业往往投资较多，但是却很少投资在高风险的研发项目上，而小企业在新技术的研发方面投资的相对较多。这一结论也说明 RJV 不易于在不同规模的企业之间形成。

此外，Link 和 Zmud（1984）指出，保持和增加市场份额是企业间合作的重要动机。Link 和 Bauer（1989）、Link（1990）指出，提高技术能力以使企业的投资向横、纵向多样化的方向发展是非常重要的动机。Vonortas（1997、2000）指出，企业参与进来是为了筹集必要的研发资金或者更好地补充自身的资金供应、获得互补资源、利用研发的协和作用以及创造新

---

① 而且，企业加入 RJV 以分摊风险、减少市场和技术上的不确定性和/或创造新的技术选择等动机和一个企业选择与供应企业、采购企业、竞争企业合作是正相关的，和选择与大学、公共研究机构合作，以及和合作研发的盗用程度是负相关的，详见：Y. Caloghirou and N. S. Vonortas. Science and Technology Policies Towards Research Joint Ventures. Final Report, Project SOE1 - CT97 - 1075, TSER, European Commission, DG XII, 2000。

的投资选择。

综合上述观点，影响企业加入 RJV 的因素包括：外溢因素、研发成本、研发风险、企业规模、企业所在的行业、市场份额等。也就是说，企业通常会对如上相关因素加以考虑，进而决定是否有必要与其他企业或研发主体联合组建 RJV。

3. 关于 RJV 的经济绩效评价

RJV 一旦组建，其经济绩效如何呢？收益率和增长率是一些学者提出的客观绩效评价标准。然而，客观评价标准未必能充分反映一种合作伙伴关系实现短期或长期多样化目标的程度。比如，一种合作关系的建立可能会提高成员的战略定位①或者增加参与成员的无形资产，而并不是创造利润。② 主观评价标准和成员目标的联系更为紧密。然而目前，对合作绩效的主观评价尺度还没有被明确界定。即使我们能将主观评价标准统一起来，为某个特定合作的成功设定标准也是有难度的。

Berg、Duncan 和 Friedman（1982）研究了合作绩效的客观评价标准，他们发现，企业的合作（尤其是短期合作）对利润率既有消极影响也有积极影响。消极影响是研发主体联合获取知识以后风险降低所带来的直接结果，因为标准的风险分析理论认为低风险与低收益率是相关的。合作对收益率的积极效应则源于市场势力的增加。Ralph Siebert（1996）提出，影响合作企业利润率的一个积极因素是成本的分摊效应，而企业的规模效应会以消极方式影响合作企业的利润率。因为企业的规模效应比成本分摊效应大，因此合作企业的利润率最终受 1% 的负效应所影响。与上述观点相悖，Vonortas（1997）利用客观评价标准发现合作和企业收益率负相关的证据并不充分。Benfratello 和 Sembenelli（1999）研究了一些接受政府资助的 RJV，并以"劳动生产率"、"总要素生产率"（TFP）和"价格—成本差额"（Price-cost Margin）三个绩效标准对相关数据进行了分析。结果表明，这些 RJV 的成员企业比未接受资助的企业有更高的劳动生产率、总要

① Keith W. Glaister and Peter J. Buckley . Strategic Motives for International Alliance Formation. Journal of Management Studies, 1996 (33)：301-332.

② Hamel, Gary . Competition for Competence and Inter-partner Learning within International Strategic Alliances. Strategic Management Journal, 1991 (12)：83-103.

素生产率和价格—成本差额。

合作关系成功的主观标准通常由成员目标被实现或超越的程度来衡量。① 其中，公司战略目标的实现可以用来作为衡量合作关系绩效的标准。② Caloghirou 和 Vonortas（2000）对大量欧洲企业进行了调查，并得出了 RJV 的主观绩效评价标准，即企业期待从特定 RJV 中获得的重要收益包括：获取/创造新知识、开发新产品，以及提高自身的技术和组织能力。Caloghirou、Hondroyannis 和 Vonortas（2000）对 RJV 绩效的进一步研究表明：合作研究活动与企业现有的行为越相关，成员之间的知识盗用问题就越少。RJV 成员为获取知识而付出的努力越多，则该特定 RJV 成功实现或超越成员整体目标的概率就越大。

Link 和 Bauer（1989）用主观、客观相结合的评价标准对 RJV 的绩效进行了研究，并指出：一个企业进行的合作研发、这个企业的市场份额，以及该企业的内部研发生产率三者之间存在正相关性。沿着这样的研究路线，Scott（1996）分析了一组企业样本，结果表明，"合作"可以激励新研究的出现，进而扩展企业的研发范围。

从社会层面上看，RJV 是否会带来反竞争效应的问题一直受到学者们的关注。广泛的合作有可能导致竞争的减少，而这种减少未必能被创新所带来的收益增长所抵消。③ Vonortas（2000）对一些美国合作研发案例的研究也得出了相似的结论。Lars – Hendrik Röller 等（1997）的研究结果却是积极的，他们认为，对于 RJV 的反垄断担忧应该是有条件的。他们用理论和经验证明，RJV 往往不易在规模不同和生产同类产品的企业间形成，从而大企业不易于同它们的竞争对手合作。成本分摊可能对福利有消极影响，但生产互补产品的企业形成 RJV 又可以提高福利。所以，对 RJV 相关政策的制定应该首先考虑企业形成某个特定 RJV 的具体情况。此外，Gu-

① K. Brockhoff and T. Teichert. Cooperative R&D and Partners' Measures of Success. International Journal of Technology Management, 1995 (10)：111 – 123.

② A. Yan and B. Gray. Bargaining Power, Management Control, and Performance in United States – China Joint Ventures：A Comparative Case Study. Academy of Management Journal, 1994 (37)：1478 – 1517.

③ Scott T. John. Purposive Diversification and Economic Performance. New York：Cambridge University Press, 1993.

gler 和 Sieber（2004）对 1989～1999 年的半导体产业进行了经验分析，并对"合并企业"和 RJV 的市场势力效应与效率效应进行了比较。研究结果表明，RJV 能够带来更高的消费者福利。他们建议有关当局在审查一项合并提案时要考虑 RJV 等合作形式能否在产生较小市场势力的前提下创造与合并相同或比合并方式更大的效率，并在此基础上进一步选择更为有效的市场结构安排。

4. 关于 RJV 的模型研究

关于企业参与技术创新时组织模式的模型分析可以大致分为两类，一类强调对"创新时间"（Timing of Innovation）的分析。这类模型分析的主要内容包括对参与竞赛的企业数量的界定、总体研发投入量及其在企业之间和时间上的分布、市场的势力效应、技术优势以及技术的不确定性。而其重要缺陷在于没有将技术知识的可积累性质和外溢（不完全占有）性质考虑进来。另一类强调的是对"创新程度"（Extent of Innovation）的分析，研究内容通常与成本的降低程度（如 Dasgupta 和 Stiglitz，1980；Brander 和 Spencer，1983；Spence，1984）或产品差异相关（Spence，1976；Dixit 和 Stiglitz，1977）。[1]

1988 年，D'Aspremont 和 Jacquemin 发表了一篇具有开创性的论文，题为《有外溢存在的双寡头垄断情况下的研发合作与非合作安排》，[2] 此后便出现了大量关于研发的"无时限类"（Atemporal）分析。这些分析通常使用多阶段模型对研发合作和非合作状态下的行业安排进行研究，并且将知识的不完全占有性质和成本降低因素考虑进来。相关文献包括 Spence（1984），Katz（1986），De Bondt 和 Veugelers（1991），Kamien、Muller 和 Zang（1992），Simpson 和 Vonortas（1994），Vonortas（1994）等。这些文献研究了合作与非合作安排在增加最终产出和提高社会福利方面的相对效率，其研究结果一致认为：RJV 可以帮助解决企业的研发外溢与研发投资之间的权衡问题。合作安排可以提高企业参与具有高度不可占用性研发活

---

[1] 在这类模型分析中，企业参与研发投入的目的通常是为了降低成本，进而在产品市场上的参与价格和产出方面的竞争。

[2] D'Aspremont and Jacquemin. Cooperative and Noncooperative R&D in Duopoly with Spillovers. The American Economic Review, 1988（78）：1133 - 1137.

动的动机，尤其是在产品市场相对不集中或者企业参与的是独立的竞争性研发活动的时候。然而这些关于"创新程度"的文献都几乎局限于战略竞争的静态模型或是简单的动态博弈（超博弈，Supergames）。[①]

鉴于上述模型的局限性，近几十年来该领域学者开始尝试利用动态模型对研发的合作与非合作安排进行分析和比较。其中具有代表性的文献包括 Vonortas（1997），Maskin 和 Tirole（1988），Joshi 和 Vonortas（1996、2000）等。这些动态模型考虑到了技术知识的不完全占有（Imperfectly Appropriable）和可积累的性质，进一步探讨和完善了对有效研发组织模式的建模与分析过程。Vonortas（1997）构建了一个动态研究框架，分别对研发竞争和研发合作采取了"无限交替行动"和"同步行动"的分析方法，并将研发合作时的 RJV 分为三种不同类型的结构安排：支出决策型（Secretariat RJV，简称 S 型）、成果分享型（Operating Entity RJV，简称 O 型）和两阶段合作型（简称 M 型）。[②] 后两种模型是反映"创新程度"的非竞赛模型（Non-tournament Model）研究的文献代表。

对于任何一个经济研究领域来说，理论分析和实证研究都是不可缺少的重要研究方法，缺一不可。无论是对 RJV 形成动机和经济绩效的研究，还是对 RJV 合作安排的模型研究，都是该领域学者仍将继续探究的内容。与理论研究相对照，各国 RJV 发展的实践为其经济所带来的直接而显著的影响是吸引众多学者深入研究这种组织模式的重要因素。本书将基于前辈们的研究结果对 RJV 的理论基础和实践发展进行进一步的探索，以期为中国的产学研合作发展做出贡献。

二、关于中国产学研合作的相关研究

产学研合作最早可以追溯到 19 世纪初，柏林大学的洪堡第一次提出了"教学和科学研究相统一"的理念。20 世纪初，威斯康辛大学在泛海斯校长的领导下提出了"威斯康辛计划"，这就是产学研合作史上最著名的

---

① 在这种超博弈（Supergames）中，一阶段博弈被无限次重复或重复固定次数，而忽视了一个重要的问题，即技术知识变量的价值是随着时间的推移不断变化的。此外，超博弈方法的研究结果对假定时段的数量十分敏感。

② 支出决策型 RJV 的成员企业只是共同决定它们的研发支出水平；成果分享型 RJV 成员还完全分享研发成果；两阶段合作型 RJV 成员。

"威斯康辛思想"。它使高等教育的发展出现了历史性的飞跃。20 世纪中叶，斯坦福工业园的创办标志着产学研合作的时代已经来临。此后，从冷战结束至今，产学研合作又一次迎来了发展的高潮。① 1996 年 1 月，在荷兰阿姆斯特丹召开的一次由美国国家科学基金会、欧盟和荷兰教育文化与科学部等机构发起的专题讨论会上，美国等西方工业化国家的代表提出，为实施国家创新战略，今后应采用"三重螺旋"的运行模型来加强学术界—产业界—政府之间的合作，② 进而促进整体协同发展。科技工业园的共建、合作研究、联合申请专利、授权转让、联办新公司、经费资助等都是各方参与者密切合作的表现形式。硅谷作为一个高技术经济增长的偶像，起源于强有力的学术界与产业界的双边合作，但这种双螺旋式的合作发展到今天，已经越来越离不开作为第三支螺旋的政府特别是地方政府的大力支持。硅谷建成后不久，阿根廷学者 Jorge Sábato 便提出了今天众所周知的"萨巴托三角"概念，它与"三重螺旋"概念非常接近。他认为，知识的生产和应用意味着学术界、政府和企业之间相互发生作用，正是这种相互作用的程度决定了知识价值的大小。关于产学研合作的论述表明，从双螺旋式的协同进步转向三重螺旋的整体发展是 21 世纪产学研合作的主要趋势。③

国内众多学者对中国产学研合作进行了研究，其研究的重点问题主要有：产学研合作中的创新主体、产学研合作模式、经济绩效和利益分配机制、存在的问题和制约因素、政策建议以及国际比较。

1. 关于产学研合作的发展阶段

国内学者对产学研合作之发展阶段的划分略有不同。吴继文和王娟茹（2002）把产学研合作的发展历程划分为三个阶段：萌芽阶段（20 世纪 50 年代至 70 年代）、转型阶段（20 世纪 70 年代末至 80 年代初）和发展阶段（20 世纪 90 年代至今）。何作利（2008）认为，中国产学研合作主要经历

---

① 翟瑞升、杨紫薇：《我国产学研合作发展理论初探》，《华商》2007 年第 26 期。
② Etzkowit 和 Ley – desdorff（1999）采用"三重螺旋"模型来模拟产业界—学术界—政府三者之间的互动过程。
③ 刘力：《走向"三重螺旋"：我国产学研合作的战略选择》，《北京大学教育评论》2004 年第 4 期。

了三个阶段：积极探索阶段（1985～1995 年）、快速发展阶段（1995～2005 年）和又好又快发展阶段（2005 年至今）。石晓天和李晓峰（2009）将产学研结合划分为民间探索期（1986～1991 年）、全面推广期（1992～1999 年）和快速发展期（2000 年至今）。

2. 关于产学研合作的内涵

关于产学研合作的内涵，吴继文和王娟茹（2002）从广义上对产学研合作进行了描述："产"是指产业界及各类产业中依托技术创新的现代企业和现代企业家，"学"泛指学术界，专指高等院校中有可能占领市场，形成产业的知识、技术、人才和成果，"研"即科研界，主要指应用型科研院所、科技成果和科技人员。高瑞平（2008）认为，产学研结合是企业与具备科研能力的院校或科研单位联合致力于某一技术或产品的研究开发行为，是为适应技术快速发展和市场竞争需要而产生的优势互补或加强型的企业技术创新组织的一种新形式。陈春杨（2008）指出，"产学研合作创新是企业、高校与科研院所之间为了实现各自的价值目标，通过一定的组织形式而建立起来的合作创新机制"。

3. 关于产学研合作中创新主体

王飞、王秀丽和刘文婷（2008）对有关产学研合作中创新主体的研究进行了归纳，目前主要存在五种观点：①以连燕华和马晓光（2001）为代表的学者认为，"企业是技术创新的主体"。这种看法的理论依据在于企业技术创新水平是技术创新的基础和出发点，高等院校和科研机构仅仅拥有部分创新要素，它们只是为技术创新提供一个资源环境，只有企业才能实现各种创新要素的优化组合。②以赵克和朱新轩（2004）为代表的学者认为，技术能力决定了技术创新的基础，而从我国的现实来衡量，高等院校和科研机构应是技术创新的主体。③以张伟和马慧敏（1996）为代表的学者提出了"主体缺位论"。依据这种观点，我国的高等院校、科研机构和企业都缺乏承担技术创新主体的能力，我国尚缺乏技术创新的主体。④以张纲、丛培海和王海山（1995）为代表的学者提出了"多元组合主体观"，这种观点认为，技术创新的主体由相互关联的企业、高等院校和科研机构、政府、市场和金融机构组成。⑤以丁厚德（2001）为代表的学者认为产学研合作的创新主体存在不固定性，强调主体的多重性。

王飞、王秀丽和刘文婷（2008）认为，以上这些观点有的过于悲观，如主体缺位论，而有的又过于宽泛，如多元组合主体观。王飞等提出，产学研合作创新的主体应是以高等院校、科研院所为基础、以企业为主体的知识生产和应用的共同体，政府、市场、金融机构在产学研合作中应处于合作的外围组织，为产学研合作提供强有力的指导、辅助和服务功能。

4. 关于产学研合作的机制

对于中国产学研合作机制的研究，国内学者也各抒己见。赵兰香（1996）认为，应从动力机制、运行机制和分配机制三方面进行分析。毕克新等（1997）认为，产学研合作的机制应包括动力机制、选择机制、风险机制、管理机制、利益机制、道德机制和法制机制。傅家骥（1998）认为，合作创新应分成三种体制，即政府主导企业参与合作体制（GCS）、政府诱导企业自主合作体制（ECS）和政府倡导企业自由合作体制（FCS）。吴树山等（2000）认为，产学研合作机制应分为单元型合作机制、紧密型合作机制、股份型合作机制、跨越型合作机制等。刘力（2004）在对"三重螺旋"进行介绍的基础上，认为应把学术界、产业界和政府之间"三合一"的体制化运行机制作为推进中国产学研合作在21世纪深入发展的战略选择。张俊和李忠云（2005）认为，应根据产学研结合基础和方式的不同将产学研结合的运行机制分为信用基础型结合、契约型结合、法人型结合运行机制与产学研一体化运行机制，并认为产学研一体化运行机制是产学研结合的最佳运行机制。[1]

5. 关于产学研合作的具体组织模式

关于产学研合作的具体组织模式，徐东（1995）认为，产学研合作是多层次的，从低至高分为三个层次：技术转让、合作开发和共建实体。刘福满和于红莉（2001）认为，产学研合作模式主要有科技攻关合作模式、联合建立研究开发机构合作模式、全面合作模式和建立高技术企业合作模式。吴继文和王娟茹（2002）将产学研合作归纳为以下几种形式：①企业、高等院校和科研院所之间在政府的组织下就某一项目、计划或目标等

---

① 王飞、王秀丽、刘文婷：《我国产学研合作研究追溯及简评》，《产业与科技论坛》2008年第7期。

组成的长期或临时的联合体。如中国的"863计划"和"火炬计划"、美国的"星球大战计划"、日本的"生命科学新领域"等。②高等院校、科研院所和企业出于自身发展的需要自发结合组成的科研生产一体化组织。③高等院校、科研院所自身发展高科技企业，形成科研生产一体化组织。④负责把科研、教学和生产联合起来的媒介体，如美国的"硅谷"、日本的"筑波技术城"和中国正在兴起的各种"科技园区"和"高新技术开发区"。周静珍、万玉刚和高静（2005）将我国产学研合作创新活动归纳为6种模式，即政府指令型结合模式、政府推动型模式、企业主导型模式、大学主导型模式、共建模式和虚拟模式。罗焰（2006）认为，在现实生活中可以看到的产学研结合模式大约可分为三种："以平台企业为主体的产学研结合的模式"、"以高校企业为主的产学研结合的模式"，以及"以社会企业为主体的产学研结合的模式"。蔡兵（2008）认为，产学研基本模式包括自发形成的产学研结合模式（其中包括"企业主动发起的产学研合作"和"大学或科研机构主动发起的产学研合作"）和政府引导型产学研结合模式。张永安和张盟（2008）将产学研合作的模式分为基本模式、实体模式、基地模式、科技园区模式、市场需求牵引模式，以及虚拟模式。吴承春、秦长平和胡紫玲（2008）指出，目前我国产学研结合工作的实现途径主要有以下几种：校企合作、科技成果通过"买卖"行为实现价值并得到转化、科技推广与社会服务、大学科技园建设以及中介机构。谢科范、陈云和董芹芹（2008）指出产学研的传统模式包括成果转化模式、项目委托模式和人才培养模式；现代模式包括合作研发模式、平台运作模式、战略联盟模式以及人才流动模式。答征（2009）将产学研合作模式划分为科技园区模式、联合实验中心模式、企业附属研究院模式和项目联合模式。吴绍波、顾新和刘敦虎（2009）认为，我国产学研的具体模式包括工程研究中心模式、校企共建实体、建立各种技术市场、校内产学研结合模式、大学科技园区模式以及高新技术开发区。值得一提的是，吴绍波等具体描述了产学研合作模式中共建经营实体的类型。共建经营实体是指高等院校和科研院所以技术入股形成的产品与企业合作建立股份制高新技术企业。它是产学研合作的最高级、最紧密的形式。这种模式能够实现资源的优化组合，集研究、开发、中试、生产、销售、服务于一体。在经营实体内实现资本、劳动、科学技术相结合，使所有资本互相渗透。吴树山等（2000）把产学研合作模式总结成为市场需求牵引型合作模式和政府宏观指引型合作模式，并提出"官—产学研—商"五位一体的合作新模式。李廉水（1997）按照创新的内容、各方合作的紧密程度，把产学研合作创新模式归纳为政府推动、自愿合作、合同连接以及共建实体四种。朱桂龙等（2003）整合产学研合作、创新与网络组织的含义，提出了产学研合作创新网络组织的概念，并从创新网络层次上把产学研合作创新分为技术协作模式、契约型合作模式和一体化模式。王雪原（2005）与李焱焱（2004）则分别按照主体数量和主体作用，将产学研合作创新划分为点对点式产学研、点对链式产学研、网络式产学研三种结构型模式和政府主导、企业主导、学研主导、共同主导四种主体型模式。陈春杨（2008）按照产学研合作的契约关系安排，将产学研合作划分为技术转让、共建研究机构、基于项目的短期合作、共建经营实体等形式。嵇忆虹、倪锋和王宏（1998）认为，合作模式应分为：技术转让、合作开发和共建实体三种。周华明和姚怡衷（1999）认为，应以企业为主体，建立融科研开发、知识传递、人才培养、技术推广为一体的产—学—研全方位合作体系模式。申学武（2001）提出了产学研联合的最优化模式构想，认为应建立高校产学研联合的 D–M 模式。杨榕、张麟和武振业（2001）认为，产学研结合模式应包括自由组织结合、项目契约结合和政府集成。黄胜杰和张毅（2002）认为，合作模式应包括集成模式、联合模式和共建模式。谢开勇（2002）认为产学研运行至今，已形成了多种模式。按其功能可分为人才培养型合作模式、研究开发型合作模式、生产经营型合作模式；按合作主体的关系可分为校内产学研合作模式、双向联合体合作模式、多向联合体合作模式、中介协调型合作模式；按合作主体构成形态分为校内产学研合作模式、双向联合体合作模式、多向联合体合作模式、中介协调型合作模式。许慧敏和朱军（2003）认为，应建立风险投资嵌入式产学研合作模式。王晓云（2005）认为，产学研结合模式应分为政府推动型、合作方式的主建型、合作方式的联建型和合作方式的共建型。冯玫和许晓明（2007）提出了三种产学研合作模式：政府推动型高校产学研合作教育模式、高校主导型产学研合作教育模式、企业需求型高校产学研合作教育模式。张义芳和翟立新（2008）对国外产学研联合研发的组织形式进行了分析，并指出从各国已有的产学研研发联盟看，绝大多数的产学研研发联盟都采取契约合作方式。对于政府发起并提供支持的产学研联盟，如果联盟由产业界和政府共同主导，一般会注册成立一家独立的法人组织，进而政府资助联盟所发生的权利义务才比较容易界定，在联盟计划的管理上也比较容易。

6. 关于产学研合作的绩效评价和利益分配问题

无论所涉及的是发达国家的 RJV 还是中国的产学研合作，对合作绩效的研究都是该领域的难点，相关文献也相对较少。郭斌等（2003）提出了产学研合作绩效之影响因素的结构方程模型，模型主要分为三个层次：要素、过程和绩效。他们在模型变量测度的基础上，对模型所包含的假设进行了实证检验。该研究的侧重点在于分析要素和过程层次因素之间的关系及对产学合作的绩效影响，并未设立具体的绩效评价指标。其中，大多数样本都是一家企业与一所大学形成的产学合作关系，数据以问题和打分形式从调查问卷中得到，属于主观评价。吴耀宏和黄泽霞（2008）分析了重点大学产学研合作绩效的影响因素，建立了包括合作教育绩效、合作科研绩效和科技成果转化绩效三方面内容的评价指标体系，指标的选取侧重于大学的科研情况。该项研究采用层次分析法建立的评价模型并采用专家打分确定权重。很多学者在设置区域创新系统绩效评价指标时也会涉及产学研结合方面的内容，但大多数为定性指标，评价中很难消除一些主观因素的影响。[①] 范德成和唐小旭（2009）将产学研结合的技术创新绩效用投入和产出两类指标表示。在现有研究的基础上，从投入—产出角度出发，构建产学研结合技术创新绩效的评价指标体系，利用因子分析和聚类分析相结合的方法，对全国 30 个省份产学研结合的技术创新绩效进行了科学评价，并得出各省份的综合排名。

产学研合作的利益分配机制尤为重要，可以在一定程度上影响合作的过程和最终效果。李廉水（1997）认为，在产学研合作创新的利益分配过程中，签好技术合同是基础，选择分配方式是手段，保证合理收益是关

---

① 范德成、唐小旭：《我国各省市产学研结合技术创新的绩效评价》，《科学学与科学技术管理》2009 年第 1 期。

键。赵兰香（1995）指出，常用分配方式一般为三种，即一次性支付、提成支付和按股分利。嵇忆虹（1999）对产学研合作中利益的分配方式进行了分析，并提出了建立合理利益分配机制的对策。张伟（2005）认为，合作各方在产学研结合中应考虑经济利益和社会效益，并提出了我国高校搞好产学研结合利益分配的保障措施。在分配的比例上，鲁若愚（2000）建立了产学研合作对策模型。刘学（1998）建立了风险与收益模型。罗利（2001）将 Shapley 值法应用在了产学研合作利益分配的博弈分析中，并建立了博弈模型。以上学者对产学研合作中利益分配问题的研究具有一定的启发和指导意义，但并未对产学研合作利益分配问题进行系统深入的研究，只是单纯对利益分配方式进行理论描述，或从定量方面进行初步探讨。[1]

7. 关于产学研合作中存在的问题

国内学者普遍关注的问题是我国产学研合作中存在的问题和相关的解决策略。关于制约我国产学研合作发展的问题，不同学者都提出了较为具体的观点。韩坚和尹国俊（2007）提出了若干问题：不完善的市场机制制约产学研组织功能的发挥；科研资源流动不畅，突出表现为科研人才的流动问题；风险投资发育不完全，风险资金对产学研组织的运作支持力度不够；政府在产学研组织运转中的定位不清，过分干预企业与高校、科研院所的合作，有时呈现出一相情愿的想法；产学研组织的选题针对性不强，缺乏对市场的深入了解，使产学研组织从成立起就面临着失败的隐患。蔡兵（2008）提出，高校在产学研合作中的问题主要有：部分高校只注重科研活动的学术价值，对这些成果的应有价值很少关心；部分高校认识到自己科研成果的应用价值，也很乐意通过与企业合作实现其市场价值，但在与企业开展产学研合作的过程中，往往高估成果的市场价值，低估其开发风险，企业难以与其开展合作；部分高校在与企业开展的产学研合作活动中，将很不成熟的成果卖给企业，使合作企业蒙受损失；大学热衷于与外国跨国公司合作，对与国内企业开展合作缺乏信心和耐心；等等。而我国

---

[1] 王飞、王秀丽、刘文婷：《我国产学研合作研究追溯及简评》，《产业与科技论坛》2008年第 7 期。

企业在产学研合作方面存在的问题主要有：一些企业由于缺少对基础研究成果的市场应用前景有识别能力的人才，在与高校开展产学研合作的过程中，存在对高校的科研成果的市场价值明显低估的倾向；有些企业对基础研究成果向应用转化，取得市场回报的过程的艰巨性认识不足，往往要求高校的成果像是交钥匙工程那样，立刻就能使用，导致合作中纠纷不断；一些企业只愿意采取对高校科研人员支付工作报酬的方式分配合作收益，不愿意采取股权、期权等长远激励措施，使合作中高校科研人员不断出现短期行为等；答征（2009）认为，我国产学研合作中存在的问题包括：①法律制度层面尚缺乏完备性。②科技管理层面未形成有效的监督及绩效核机制。③研发资金的来源相对单一，利益共享机制待完善。④科技中介服务机构的多样性有待进一步提高。国家科技部 2007 年以国科发提字[2007] 509 号文函复给十届全国政协委员刘玉岭的内容中提出：目前，我国产学研结合仍然不够紧密，还存在一些体制和机制上的制约。突出表现在以下几个方面：①产学研合作主要以短期的项目合作居多，缺乏战略层次的合作。②产学研结合的组织形式松散，缺乏创新成果产业化的保障机制。③没有提升到以知识产权为纽带，以重要标准为连接这样的层次。④促进产学研结合的政策法规环境有待完善。⑤政府科技资源的配置方式不适应推进产学研结合的新要求。⑥各有关部门尚未形成促进产学研结合的工作合力等。周颐（2006）以硅谷作为案例，反思我国产学研结合中的问题，指出我国产学研结合存在经费难题。同时，我国以高校为主体的产学研结合习惯于依赖政府拨款而养成了自上而下的"计划"意识，加上倚重企业资助，自然缺乏市场观念，不会考虑从资本市场获得资金。此外，融投资模式落后是我国高校产学研结合的又一个问题和缺陷。孙福全（2008）指出，当前我国产学研结合的主要问题包括：部分产学研结合用行政手段替代市场机制；产学研各方对彼此的定位和分工认识不清；产学研结合的组织形式与重大产业技术创新的需要不适应；产学研结合的利益保障机制不够健全；产学研结合缺乏系统稳定的金融支持；政府对产学研结合的引导作用发挥不够；不能营造有利于产学研合作创新的良好社会氛围。朱秀灵、戴清源和季长路（2009）认为，影响产学研合作的主要因素包括：主体因素对产学研合作的影响（流于形式，缺少落实；合作层次低，合作期短；合作"门槛"高，社会"关系"重；合作双方沟通协调不足）；技术供给与社会实际需求脱节对产学研合作的影响；风险投资对产学研合作的影响；环境对产学研合作的影响。顾海（2001）提出，制约我国产学研发展的因素包括产学研合作主体不到位和监督协调力度不够等。王艳（2006）认为主要问题有：产学研结合中各主体内部的问题（企业缺乏产学研结合的动力和能力；高校、科研机构存在产学研结合的体制性障碍和认识误区；中介机构在产学研结合中的微利性和风险性阻碍了其作用的发挥；政府角色错位和越位阻碍产学研结合）和产学研结合中各主体间的结合问题（各主体间的信息不对称；产学研结合的接口不对称；产学研结合后的收益不对称）。高瑞平（2008）认为，企业中存在的问题有：企业对自身在创新体系的主体地位认识不足，科研经费投入有限；对研究开发新技术和新产品重视不够，企业吸纳技术的动力和能力有待加强。学校和研究院所中存在的问题包括：科研选题与市场需求脱节，技术与经济脱节；成果评价体系尚不完善，科研成果转化的动力不够；创新型人才培养方面有待加强。政府机构中存在的问题有：科技项目立项机制有待完善；政府应承担成果转化中的风险责任。刘福满和于红莉（2001）指出，利益机制和知识产权仍是产学研合作的关键。吴承春、秦长平和胡紫玲（2008）指出，产学研合作存在的问题包括：产学研合作体系不健全；企业缺乏风险意识，部分企业诚信度不高；部分地方政府职能有待进一步加强。罗焰（2006）提出了阻碍产学研有效合作的三个方面，即产学研合作创新中的主体地位不明显、利益分配机制不健全以及科技成果评价体系不健全。上海某课题组（2005）从联合机制上分析了中国产学研联合效果欠佳的影响因素：不完善的市场机制制约产学研联合功能的发挥，特别是风险投资发育不完全，风险资金对产学研的运作支持力度不够；科研资源流动不畅，突出表现为科研人才的流动问题；政府在产学研联合运行中的定位不清，过分干预企业与高校、科研院所的合作，有时甚至越俎代庖；产学研联合的参与方缺乏有效的优势互补位差，选题针对性不强，缺乏对市场的深入了解；对产学研联合效果的所有权确认和保护机制不完善。刘力（2004）指出，现行的高等教育和科技体制还存在不少弊端，高等院校在整体上并没有完全摆脱计划经济的束缚，与科技活动有关的市场机制比较薄弱。同时，企业尚未真正成为技术创新的主体，与高校合作的动力不足，需求依然不旺。

8. 关于产学研合作的政策建议

关于以上问题的解决方案和政策建议，韩坚和尹国俊（2007）认为，良好合作机制的实现首先需要政府要鼓励风险投资的发展，因为风险投资是产学研合作的催化剂；其次要允许科研资源的自由流动，特别是科研人才的流动，因为随着人员的交流，产学研的合作才能更加灵活；最后需要政府在产学研的活动中发挥宏观引导的作用，不要干预具体的产学研活动。刘翠玲和王永胜（2008）指出，要制定政策和法规为产学研合作提供法律保障，并善于对政策进行跟踪和落实；制订相关计划引导产学研合作和发展，促进产学研体系的融合；组建专门的机构为产学研合作发展提供平台，重视共性技术研究推广机制；设立专项资金支持产学研的合作，注重对产学研合作项目的评价。程如烟和黄军英（2007）通过研究英国在产学研合作方面的经验和教训对我国的产学研合作提出了一些重要的启示，其中包括提高企业对产学研合作的需求、鼓励大学的知识转移活动向专利许可倾斜、大学对知识产权的定价不能太高、政府对大学的研究资助不宜过于集中，以及要大力构建地区技术交流网络。张义芳和翟立新（2008）的政策建议包括：尽快制定研发联盟促进法，为研发联盟提供有力的法律支持和组织保障；政府设立重大产业技术研发联盟专项计划，围绕区域经济发展和产业结构升级转型，推动区域产学研研发联盟以及跨产业研发联盟，同时加大国家科技计划对产学研合作的支持。何作利（2008）为促进产学研的发展提出了四点建议：①要转变观念，提高对产学研结合重要意义的认识。②要进一步发挥高校和科研院所的作用。③要强化企业在产学研结合中的主导作用。④建立并完善产学研结合的促进和保障机制。徐恩波（2001）提出，要深入研究产学研结合体的利益创造和利益分配问题，同时明晰知识产权的归属、加强知识产权保护。李文鹣、孙林杰和谢刚（2005）提出，要加强对产学研活动里中介服务体系的建设，并促进科研机构、大学和企业间的人才流动。蔡声霞、张芳和张伟（2008）提出，要应该充分发挥政府的调控和指导作用，创造有利于产学研合作的社会经济环境（包括政策支持和引导、完善产权制度安排、健全法规体系）；加强中介服务体系建设，完善中介服务体系的功能与质量；加强风险投资体制建设；建立和完善产学研的评估机制，加强监督管理。罗焰（2006）提出，要加快立法支持，规范产学研合作主体的市场行为；明确指示产权归属，提高产学研各方合作的积极性；拓展融资渠道，增加科技成果转化资金投入；转变大学办学理念，改进科技成果转化政策和评价体系。顾海（2001）提出了若干促进产学研有效结合的途径和方法：解决产学研界面的准确接口；强化政府对产学研提供配套措施（政府要大力抓产学研合作的宣传发动工作、政府应实行必要的信贷倾斜政策、政府应充分运用法律手段保护知识产权、政府努力创设产学研合作的配套措施）；创建产学研联结的人才互补模式；建立信息高速公路，推进产学研结合；发展以项目为基础的产学研合作。王艳（2006）指出，政府行政部门在产学研结合中要变发挥主导作用为引导作用、变直接干预为宏观引导、变管理为服务。何卓（2005）指出，要积极培育产学研结合的中介服务机构、吸引社会资金通过集资参股等形式积极参与产学研合作、构建开放式的产学研结合监督与评价体系、健全法规以推进和保障产学研结合进一步发展。辛爱芳（2007）提出，我国产学研合作应以多层次的运作模式为基础（包括主导层、服务层、主体层、辅助层和市场层）、实现产学研主体的组织创新、加强政府的宏观调控职能、建立多元化的投融资体系，并加强产学研合作服务体系建设。吴承春、秦长平和胡紫玲（2008）指出，我们应该探索新型的校企、校地合作机制，建立更加紧密的产学研合作关系；加快和规范大学科技园建设，并提高中介服务的质量。

除了上述领域的研究，还有一些学者通过对合作研发的国际比较研究为中国产学研合作的发展提供参考。冯玫和许晓明（2007）比较了美国、日本、加拿大、澳大利亚和印度五种模式。其中，美国以合作紧密、内容广泛、稳定持久、经费保障、应用性强为特点。日本强调政府行为，实行产学研合作教育的制度化和规范化。加拿大模式集中体现在高校、学生、企业三方的合作。澳大利亚在国家和各州政府组织管理下，依靠行业的国家资格框架体系，推行"学习—工作—再学习—再工作"的多循环终身教育模式。印度则重视产业界发展与大学研究基础结构及国家实验室的牢固关系。韩坚和尹国俊（2007）分析了美国、英国和日本的产学研实践特点。其中，美国的特点包括：联邦政府是产学研实践的发起者和主要推动力量；以工业园区的方式推动产学研实践；有充分的研究资金。英国产学研实践的特点包括：重点突出（"连接"计划）；研究内容超前；循序推进。日本产学研实践的突出特点是官方主导，同时允许大学教师到公司兼职，允许公司到校园内构建高新技术企业以，促进科研机构与企业联合。张义芳和翟立新（2008）指出，日本研发联盟基本上是大企业，并没有大学参加，工业技术院虽有参加，也只是辅助的角色。蔡声霞、张芳和张伟（2008）对创新国家产学研合作模式进行了比较，其中美国的特点包括：科技园区是美国产学研合作的主要形式、企业在产学研合作中居于主导地位、具有发达完善的中介组织、发育了成熟健全的风险投资机制，以及政府适当的政策引导和政策倾斜。日本的特点包括强调政府政策的指导作用、注重产学研合作的制度化、偏重校企之间的人才交流与合作，以及积极参与国际合作。芬兰产学研合作的特点包括大力发展高标准教育、加大对科研投入的力度、确立发展重点以及产学研紧密结合。韩国产学研体制的最大特点是以企业生产为归属，此外，还包括推动大学企业化、政府大力推动、大力培植和发展科技型中小企业，以及培育科技产业的微观载体。朱杉和陈洁（2009）通过对芬兰国家技术研究中心（VTT）功能角色定位的研究，深入分析了 VTT 的运行机制，研究总结了 VTT 解决芬兰产学研结合"瓶颈"问题的关键原因是其独特的角色定位与运行机制设计，并指出了 VTT 在科技创新体系中所发挥的效用以及值得我国借鉴的一些启示。陈艳艳（2009）比较了发达国家产学研合作信用监管的基本做法，指出我国产学研合作信用存在的主要问题及基本对策。上海课题组（2005）对中外产学研联合的实践和机制进行了比较研究，并指出中外产学研联合实践的差异主要体现在政府作用和风险投资作为特殊中介的作用差别上。为了保证产学研项目的成功，国外特别重视风险投资在科技成果的研究开发、中试、商品化和产业化活动中的介入，把风险投资的介入看做是产学研联合创新能否成功的重要环节。

三、关于国家能力的相关研究

近代以来，对国家能力的研究逐步走向系统化。首先是西方经济学基于国家是否应当干预经济生活的角度对国家能力进行了研究。接着西方政治学紧跟其后，从 Max Weber 到结构功能主义、公共政策学派、回归国家学派等都把国家能力作为一个重要范畴加以研究。[1] 在西方政治学界，标志着国家能力研究兴起的应属 20 世纪 60 年代末兴起的"回归国家学派"对国家能力所进行的系统研究，Theda Scocpol 的论著《国家与社会革命》、Joel S. Migdal 的论著《强社会与弱国家：国家与社会关系和第三世界的国家能力》成为研究国家能力颇具影响力的论著，他们对发达世界和欠发达世界国家能力所做的专门研究对国家能力研究的兴起和发展起了重要的推动作用。

20 世纪 90 年代初期，随着我国社会的转型、国家职能重心的调整，国家能力尤其是中央政府的财政汲取能力、宏观调控能力等曾一度出现了迅速下降的苗头，国家出现了"强地方、弱中央"的局面。这种局面既引起了政治家的担心，也引起了学术界的注意。在这种背景下，一些经济学界的学者开始着手从增强中央政府财政汲取等能力的角度研究国家能力。他们的研究引起了学术界内外的高度重视。[2] 目前，对国家能力方面的相关研究主要集中在以下几个方面：国家能力的内涵和构成、对国家能力的评价标准、中国国家能力的强弱以及对国家创新能力的研究。

1. 关于国家能力的内涵

关于国家能力的内涵，学者们的研究视角各异，见解纷繁。黄宝玖（2006）将其归纳为"国家意志目标说"、"国家权力说"、"国家职能说"、"国家政策说"、"国家行为绩效说"、"国家与环境互动说"和"综合因素说"。"国家意志目标说"将国家能力解释为国家贯彻和实现自己的政策目标的能力。F. J. Goodnow（1987）指出，所有的政府体制中都存在着两种基本功能，即"国家意志的表达功能和国家意志的执行功能"。Joel S. Migdal（1988）认为，国家能力是"国家通过种种计划、政策和行动实现其领导人所寻求的社会变化的能力"。王绍光和胡鞍钢

---

[1] 时和兴：《中国传统治道之源——对〈论语〉中政治管理思想的现代诠释》，《北京大学学报》（哲学社会科学版）1996 年第 4 期。

[2] 王绍光、胡鞍钢：《中国国家能力报告》，沈阳：辽宁人民出版社，1993 年版。

（1993）认为，"国家能力是指国家将自己意志、目标转化为现实的能力"。"国家权力说"突出强调国家权力在国家意识实现过程中的作用。结构功能主义学派代表人物 Talcott Parsons（1988）认为，"权力"是"用于实现集体目标利益的社会系统的一般化能力"，是"完成希望的事情的能力"。Talcott Parsons 强调制度化规范力量的作用，"制度化规范力量"可以理解为国家运用权力建立制度规范整合社会关系以实现"集体目标"的能力。"国家职能说"把国家能力看成是国家在履行职能的过程中呈现出来的能量和力量。有学者认为，国家能力总是和完成一定国家职能的国家行为联系在一起的，因而从职能角度界定国家（政府）能力更为科学，例如，汪永成（2002）认为，国家能力是国家"实现自己职能时所具有的能量和资源"。"国家政策说"认为国家能力体现为国家运用政策工具的能力，包括确定政策目标、制定政治方案、政策合法化、政策实施、政策反馈等若干环节的具体能力。时和兴（1996）指出，"国家推行自己意志和目标的能力实际上也就是国家政策的贯彻能力"。"国家行为绩效说"认为国家能力是国家行为的效果，国家能力的强弱由国家的行为绩效体现出来。公共政策学派从政策制定与实施的过程和效果角度研究了国家能力，如 John Graham 在分析政策效力时认为，政策效力就是国家实现政策追求之目的的能力。国内也有学者认为，国家能力是国家在行使其功能、实现其意志的过程中体现出的绩效，具体可表述为政治绩效、经济绩效、文化绩效、社会绩效四个基本向度。"国家与环境互动说"认为，国家能力取决于国家对其活动环境的适应程度与相互关系。结构功能主义学派比较重视环境对国家能力的影响。Gabriel A. Almond（1987）认为，"一切政治体系都与两种环境发生相互作用：国内环境和国际环境"，政治体系的环境适应能力决定了它"从国内外环境中提取资源，把所得的利益分配给国内不同的集团和国际上不同的国家，并且管制国内人民的行为，或提供安全以防外来威胁"的能力水平。"综合因素说"把有关国家能力的相关因素综合起来，具有较强的概括性。许多学者认为，国家能力是指国家依据自己拥有的公共权力和权威，通过制定政策和组织动员，实施自己承担的职能、贯彻自己的意志、实现自己的目标的能量和力量。① 黄宝玖（2006）将国家能力界定为统治阶级通过国家机关行使国家权力、履行国家职能，有效统治国家、治理社会，实现统治阶级意志、利益以及社会公共目标的能量和力量。

综合以上各种观点，对国家能力界定的核心思想主要体现在国家实现意志和目标的能力上，"国家权力说"、"国家政策说"和"国家职能说"分别强调的是国家通过实施权力、制定政策和履行国家职能来实现其意志和目标的能力。"国家行为绩效说"强调的是为实现意志和目标而做出努力以后的最终效果，换句话说，实现意志和目标的能力也就是实现行为绩效的能力。"综合因素说"将权力、政策、职能等因素与国家目标的实现结合起来对国家能力进行了全面的界定。"国家与环境互动说"则重点强调政治体系的环境适应能力。

2. 关于国家能力的构成

国家能力的"内涵"与其"构成"有着密切的联系，美国学者 Joel S. Migdal 认为，家能力包括以下四个能力：①国家对社会各部门发挥影响的浸透（Penetrate）能力。②社会内多种关系的调节（Regulate）能力。③社会内存在的各资源的吸收（Extract）能力。④汲取资源适当地分配或使用的能力。按照他的看法，强国家（Strong States）能高度实现上述四个能力，相反，弱国家（Weak States）则很难实现上述四个能力。Theda Scocpol 认为，国家能力体现在政府确保经济增长的抽象能力和实施法律、维持秩序、消除不平等或者提供额外保障的能力上。Thomas Heberer（2004）认为，国家能力包括合法性能力、管制和控制能力、汲取实施目标的资源的能力、讨价还价能力和学习能力。王绍光和胡鞍钢（1993）将国家能力概括为四种能力：①汲取能力（Extractive Capacity），指国家动员社会经济资源的能力，国家汲取财政的能力集中体现了国家的汲取能力。②调控能力（Steering Capacity），指国家指导社会经济发展的能力。③合法化能力（Legitimation Capacity），指国家运用政治符号在属民中制造共识，进而巩固其经济地位的能力。④强制能力（Coercive Capacity），是指国家运用暴力手段、机构、威胁等方式维护其统治地位。其中财政汲取能

---

① 黄宝玖：《国家能力：涵义、特征与结构分析》，《政治学研究》2004 年第 4 期。

力是最重要的国家能力，是国家能力的核心和实现其他能力的基础。他们明确提出，应以前两个能力作为衡量国家能力的指标，指标值高的就是强政府和强中央，对经济发展和制度变换就有利；反之，就是弱政府和弱中央，就不利于经济发展和体制转轨。香港中文大学政治学者吴国光（1994）提出了"消极的（Passive）国家职能"即"消极国家能力"、"积极的（Active）国家职能"即"积极国家能力"和"超（Super）国家职能"即"超国家能力"。消极国家能力包括调节基本的社会冲突、维持起码的社会秩序、防止暴力和犯罪等。积极国家能力主要表现为促进经济发展和发展社会福利。在超国家能力状况下，国家的主要职能往往被确定为实现某种意识形态目标，在深层次上改造社会，并在这个意义上重新安排社会秩序，促进社会发展，实现社会福利。时和兴（1996）从政治统治能力与政治管理能力相结合的角度将国家能力概括为社会抽取能力、社会规范能力、社会控制能力、社会适应能力四个方面。黄宝玖（2004）运用多维视角分析了国家能力的构成。从国家能力的主体视角来看，国家能力被纵向划分为中央国家机关能力和地方国家机关能力、横向划分为国家权力机关能力（立法能力）、行政机关能力（行政能力或政府能力）、司法机关能力（司法能力）、军事机关能力（军事能力）四个侧面。国家能力是各国家机关能力的合力。从国家能力的作用空间角度考察，国家能力体现为空间性能力。国家的空间性能力区分为对内行为能力即统治和治理国内事务的能力与对外行为能力即维护国家主权、保障国家安全、处理国际关系的能力。从国家能力的过程角度考察，国家能力体现为过程性能力。国家能力是国家机关解决处理有关统治国家、治理社会各种问题的动态过程中所表现出来的能力。这些能力随实际问题的产生、发展变化、解决过程而不断以不同的能力形式呈现出来。例如，从政策过程角度考察，国家机关为解决某一实际问题需要运用其政策能力，其动态过程表现为：确立政策目标能力、制定政策实施方案能力、政策实施能力、政策评价能力、政策反馈能力、政策优化能力等。从国家能力的功能角度考察，国家能力要素实际上是指国家能力的外显形式。[①]

---

① 汪永成：《政府能力的机构分析》，《政治学研究》2004 年第 2 期。

可以看出，不同学者对国家能力具体构成的观点存在较大差异。黄宝玖（2004）从主体视角、作用空间视角、过程视角和功能视角分析了国家能力的构成。吴国光（1994）将国家能力和国家职能的构成分成了三个层面。国家能力是一种综合能力，在不同角度和不同层面表现为多种不同的能力，因此众多学者从国家的综合能力中按不同的视角和层面提炼出不同的核心能力并加以分析和概括，为国家能力的相关研究提供了多样化的理论分析框架。

3. 关于国家能力大小的评价

"能力"本身是一个抽象的概念，严格来讲，我们很难精确地计算国家能力的大小。但通过建立合理的定性和定量指标，我们可以在一定程度上对国家能力进行评价。世界经济论坛的《全球国际竞争力报告》和瑞士国际管理发展学院的《世界国际竞争力年鉴》，为我们建立国家能力的评价体系积累了经验。我国也有学者对国家能力体系中某些具体能力的评价指标体系展开了针对性的研究，如杜钢建从界定度、自主度、参与度、课责度、透明度、可预度、自由度和强硬度八个方面对政府规制能力按照五个级度进行了评估。还有学者从人力、财力、权力、公信力、文化力、信息力和协同力七类指标对政府能力进行了研究。[1] 目前，然而如何建立国家能力的科学评价体系还是一个有待于深入研究的问题。

关于改革开放以来中国国家能力的强弱变化，学术界存在较大争议。其中，具有代表性的学者是王绍光和胡鞍钢。他们在《中国国家能力报告》中引证了中外十几个国家的大量数据，并对我国国家能力进行了实证研究。他们认为，20 世纪 80 年代以来我国以财政汲取能力为核心的国家能力遭到严重削弱，对国家长期发展，向市场经济顺利转变，实现经济、社会、政治的稳定以及成为世界经济大国目标等产生了严重的后果。[2] 还有学者认为，改革开放以来我国国家能力呈现出"双重流失"状态，即"范围上的绝对收缩与效力上的相对下降并存"与"结构上的失衡运行"。

---

[1] 汪永成：《政府能力的机构分析》，《政治学研究》2004 年第 2 期。
[2] 王绍光、胡鞍钢：《中国国家能力报告》，沈阳：辽宁人民出版社，1993 年版。

这些都已经严重影响了国家总体意志的实现程度。① 相比之下，一些学者则认为，改革开放已经强化了国家能力，不需要再强化了，如 Vivienne Shue（1988）认为，通过农村存在蜂窝状组织结构（Honeycomb Society），中国的改革开放政策能够浸透到农村社会的基层，国家能够更加深入地控制农村的基层社会，改革开放后农村市场化的结果使国家权力在农村社会更加扩散，与此同时，国家能力也更有效地增强了。Victor Nee（1988）也同意农村改革的结果强化了国家能力的看法，认为中国实行缩小微观控制、扩大宏观调控的政策调整将强化国家能力。

关于中国国家能力的评价，黄宝玖（2006）指出，除少数学者进行定量研究和实证研究外，多数学者是在进行定性分析后才得出的判断。定性分析有较强的理论性，但其主观性较强的缺陷也十分明显。如何建立科学的评价指标体系、客观地度量国家能力是当前国家能力研究的薄弱环节之一。

4. 关于国家能力与国家权力、综合国力、国家职能和国家创新能力

本书构建的从"认知"到"反思"的国家能力内涵与国家权力、综合国力、国家职能、国家创新能力等概念均有所不同。

一些学者认为，国家权力与国家能力之间存在着正相关，权力的扩张必然带来国家能力的增强；反之，将导致国家能力下降。但也有不少学者认为，国家能力与国家权力二者之间的关系颇为复杂、存在悖论。李强（1998）指出，20 世纪 90 年代初期中国国家能力的下降并非由于国家权力不足，而是由于国家政治结构实行的"全能主义"使国家权力过大，进而产生了"结构性后遗症"。黄宝玖（2006）指出，国家权力并不等同于国家能力，对二者的正相关性也不能做简单化理解。国家能力与国家权力是一种辩证的关系。在合理的限度内，国家能力与国家权力呈正相关性，国家权力越强大，国家可支配的资源越多，国家有所作为的空间也比较大，国家能力也会相应有所提高。但国家权力不是国家能力的充分条件，国家权力超出合理限度的过分扩张可能导致国家对公共利益的偏离，使国家体

---

① 孙明军：《中国国家能力研究》，《上海社会科学院学术季刊》2000 年第 2 期。

制中的腐败现象滋生,① 最终导致国家（公共）权威面临危机，与之相关的国家能力也将被削弱。笔者与学者李强的观点基本一致。国家权力和国家能力的大小之间并不是简单的逻辑关系。权力决定了"力"，权力越大，国家可以控制的范围和资源有可能会增多，但这并不能代表"能"也随之增加。"能"的大小与权力的分配、制衡、实施的效果以及对权力边界设定的合理性相关。国家权力从赋予到实施的最终绩效可以在很大程度上体现国家能力的大小。要想充分发挥和不断提高国家能力，我们必须具体考虑国家权力在介入不同领域时的集中程度、深入程度以及时机的选择。

关于国家能力与国家综合国力，王绍光和胡鞍钢（1993）认为，综合国力是已经实现的状态，而国家能力是潜能，因而综合国力是一个静态概念，相对而言，国家能力总体上则是一个动态概念。在关系上，国家能力是综合国力的组成部分，"国家能力是国家强盛的必要条件。国家能力强，可以大大促进综合国力不断提高；而国家能力弱，也可以使已取得的综合国力优势逐步丧失"。综合国力则是国家能力的基础。在这个问题上，本书笔者认为，综合国力和国家能力都是动态概念，综合国力和国家能力都可以被视为一种阶段性指标，而二者的区别在于，国家能力是一种"源动力"，综合国力是国家能力发挥后的综合衡量指标。

关于国家职能的内涵，国内外学术界素有争议，有"单一职能说"、"两职能说"、"三职能说"、"四职能说"等多种看法，基于国家职能角度阐述的国家能力形式也就各有不同。"单一职能说"认为，国家的活动领域只限于政治领域，政治统治职能是国家的唯一职能，国家能力也就仅限于有限的政治保护能力（维持秩序和安全）。"两职能说"认为国家活动涉及政治和经济两个方面，国家除了具有政治职能外，还有社会公共职能（干预社会生活，为社会成员提供福利），国家能力相应扩展为维护秩序、保障安全的能力以及干预社会生活、提供社会福利能力两方面。"三职能说"认为现代国家活动范围已扩大到政治、经济、文化三大领域，国家除了具有政治职能和经济职能，还应具有文化方面的职能（合法化职能或意

---

① 时和兴：《中国传统治道之源——对〈论语〉中政治管理思想的现代诠释》，《北京大学学报》（哲学社会科学版）1996年第4期。

识形态职能），国家能力也要相应增添新的内容——合法化能力（或意识形态能力）。"四职能说"认为国家具有镇压的职能、思想文化的职能、经济的职能、国际方面的职能，因此，国家能力又增添了国际能力新内容。马克思主义国家理论对国家职能做出了最简明的概括，认为国家职能在内容上由政治统治职能和社会管理职能两部分构成。学术界普遍认为，国家能力与国家职能具有本质上的区别。按照目前比较通行的定义，国家职能是国家的职责和功能。一般地说，二者关系表现在：国家职能解决的是国家"该干什么、不该干什么"的问题，它框定了国家能力的基本内容和发展方向，有什么样的职能分类，就相应地有什么样的能力类型，国家职能调整转变，国家能力的形式、要素也要相应更新改变；国家能力解决的是国家是否有能力履行其职能、把该干的事干好的问题，国家能力的强弱决定了国家职能的实现程度。[①] 笔者认为，每个国家都有一些必须履行的职能，如政治职能和经济职能。而体现一个国家之能力的关键在于每个核心职能下面不同具体职能的选择和布局。好的职能选择和布局可以使国家能力得到最大的发挥，选择和布局的合理性也可以体现国家能力的大小。对于关系国家政治经济发展的重要领域来说，国家能力的大小在一定程度上体现在对专向职能的安排和实现上。

此外，国家创新能力和国家能力两个概念之间也存在差异。国家能力是多角度、多层面的综合能力，而国家创新能力主要指一个国家在技术创新方面的能力。

第三节　主要内容、研究方法与创新之处

一、主要内容与框架设计

本书的研究思路如图 1-1 所示，笔者试图在国家能力的视角下构建一个促进微观企业组织发展的研究框架。从宏观层面上，国家能力依次体现在四个层面，即认知能力、决策能力、实现能力和反思能力。

---

① 黄宝玖：《国家能力研究述评》，《三明学院学报》2006 年第 1 期。

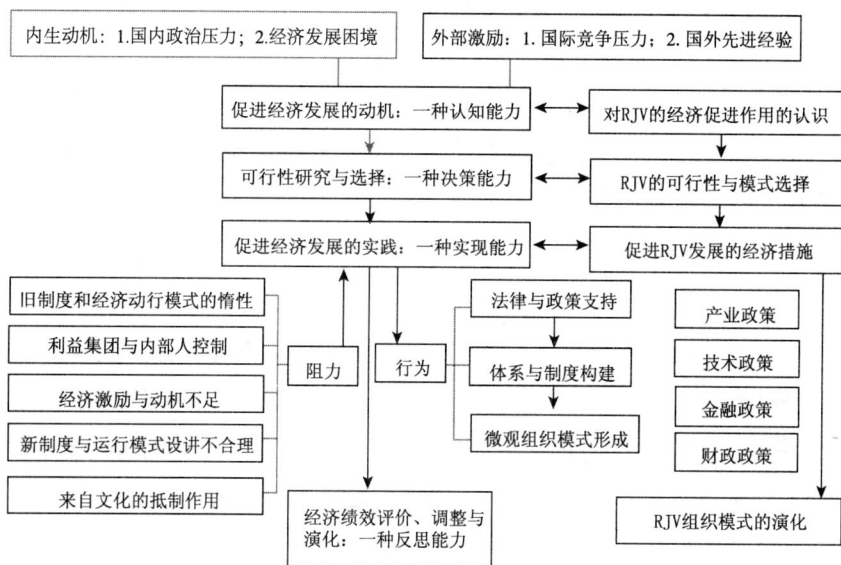

图 1-1　本书的框架设计

具体来讲，对于某个经济问题而言，一个国家首先要有促进经济发展的动机，即一种认知能力，或者说是"意识"能力。这要求一个国家能够对某个经济领域的现状具有较为全面的认知，可以意识到当前存在的亟待解决的核心问题，这种主观能动力是国家有所作为之前的初级阶段。通常，促使国家产生主观认知的因素包括内生动机和外部激励。内生动机主要包括国内的政治压力和经济发展困境，外部激励包括国际竞争压力和国外先进经验带来的冲击等。在第二个阶段中，国家需要对现有问题提出各种可行性方案并从中做出选择。在这个过程中，国家体现的是一种决策能力。通常，一个国家需要从理论上对问题产生的内在机理进行理论分析，同时通过收集数据和实地考察等途径对问题进行实证研究，从而制定出若干可行选择，并结合国情和实际状况确立最终的实施方案。这个过程十分重要，是决定经济措施是否能够产生良好绩效的关键阶段。在第三个阶段中，国家需要将促进经济发展的最终决策付出实践，这个过程需要国家运用一种实现能力，"实现"的内涵有别于"实践"，在体现实现能力的过程中，政府不是简单地实施决策，而是要积极促使决策达到预期绩效。"实现"之所以与"实践"不同，是因为在这个阶段中存在着各种阻力，包括旧制度和经济运行模式的惰性、利益集团与内部人控制的存在、经济激励与有效动机不足、新制度与运行模式设计不合理、来自文化的抵制作用等。面对重重阻力，国家需要发挥能力、改善困境、"逆水行舟"，真正实现政策措施的最终预期。在第四个阶段中，国家需要对经济绩效进行评价，必要时根据绩效做出相应的调整，而这种"反思"又是重新产生新"认知"的必要过程。

本书将"认知—决策—实现—反思"的理论框架作为评价国家促进经济发展尤其是促进微观经济组织发展的能力考查标准，并基于该框架路线逐一分析和论证 RJV 对经济的促进作用、RJV 在中国发展的可行性、RJV 在中国发展的经济措施以及 RJV 组织模式在中国的演化。本书将按照理论与实践相结合、宏观与微观相结合的思路，以期找到理性发挥国家能力进而推动经济增长的理念和路径。

二、主要研究方法

本书的主要研究方法包括实证分析方法、规范分析方法、制度分析方法和比较分析法。

1. 实证分析与规范分析相结合的方法

实证分析简单来说就是分析经济问题"是什么"的研究方法。它侧重于经济体系如何运行，分析经济活动的过程和后果以及向什么方向发展，而不考虑运行的结果是否可取。实证分析包括理论实证（逻辑实证）和经验实证（包括计量分析和案例研究）。计量检验是经济学中实证分析的一个重要方法。规范分析方法就是研究经济运行"应该是什么"的研究方法。这种方法是以一定的价值判断作为出发点和基础，提出行为标准，并以此作为处理经济问题和制定经济政策的依据，探讨如何才能符合这些标准的分析和研究方法。本书用规范分析的方法对国家能力的内涵进行重新界定，同时对 RJV 在中国的发展问题进行逻辑实证和经验实证分析。

2. 制度分析方法

制度经济学家把制度作为变量，用正统经济学的研究方法来分析制度的构成和运用，采取了结构分析法、历史分析法和社会文化分析法来研究经济问题，揭示制度对社会经济发展的影响，以及去发现这些制度在经济体系中的地位和作用。本书运用新制度经济学中的交易费用理论、产权理论和制度变迁理论对 RJV 的形成机理、RJV 研发成果的专利保护以及 RJV 的制度激励等问题进行分析。

3. 比较分析法

本书对发达国家 RJV 的发展绩效和组织模式与中国的相应状况进行横向比较，拟通过比较和分析找到阻碍我国同类组织模式发展的影响因素以及适合其发展的激励措施。比较分析方法是本书重要的研究方法。

三、主要创新之处

本书的重要创新之处主要包含以下几个方面：①从宏观层面上来看，本书为国家促进经济发展的能力赋予了崭新的内涵，即提出这种能力按阶段包含四个层面的内容，即"认知能力"、"决策能力"、"实现能力"和"反思能力"。②研究型合资企业（Research Joint Venture，RJV）是不同研发主体为促进技术创新而共建的企业组织，它有别于松散的技术联盟。国内有关产学研合作研发的文献中涉及对实体模式的研究并不多，而且大多停留在较为宏观的角度上，对具体的组织模式和运行机制并没有详尽的比较和分析。本书对这种组织模式进行深入研究，通过借鉴国际经验并结合中国国情探讨在中国积极发展 RJV 的必要性和可行性。③本书将国家能力这一宏观问题与 RJV 这个微观经济问题相结合进行分析和研究，构建国家能力和企业组织发展之间的逻辑关系，分析国家能力对发达国家 RJV 发展的综合效应，并研究如何通过理性发挥中国的国家能力来促使 RJV 在中国得以发展。

第二章 从"认知"到"反思"的 国家能力分析框架

本书将国家能力的内涵界定为：一个国家在实现其特定目标过程中所体现出来的从"认知"到"反思"的主观能动力。国家能力按实践的顺序包含四个方面，即认知能力、决策能力、实现能力和反思能力。笔者构建了如上国家能力分析框架，并以此分析和评价国家促进经济发展（尤其是促进微观组织模式发展）的能力。

第一节 促进经济发展的动机：一种认知能力

一、内部影响因素：政治影响力与经济发展困境

促进国家改变的内部影响因素很多。其中，政治影响力和经济发展困境是重要因素。这里所提出的政治影响力主要是指除国家执政政权以外的政治力量通过运用各种途径企图对经济发展的现状和环境产生影响的力量，而当一个国家的经济在一段时期内处于一种难以继续发展的境况时，这个国家所面临的便是一种经济发展困境。通常，与政治影响力相比，国家对于经济发展困境的认知更加具有主观能动性，换言之，如果一个国家是由于政治影响力而对经济发展做出改变的，那么这个国家（执政政权）的处境是相对被动的。

国内政治影响力的形式很多，如来自在野党的政治压力、来自公众或各种团体组织的压力等。在野党给予执政党的政治压力通常是激励执政党促进经济快速发展的重要力量。而实际上，政治体制本身便可以作为一种

潜在的政治影响力而存在。公众可以通过罢工迫使国家提高工资水平、改善工作环境、提供权益保障等；媒体可以通过发表评论影响大众的观念和意识、进而间接对国家的行为产生影响。美国学者 Gianfranco Poggi 指出："许多政策输入要么来自于国家内部本身通过官僚政治渠道表达，要么来自于某个国家机构与社会中某些特权集团之间达成的安排和谅解。[①] 西方社会中的公众已经对这种政策输入失去了信心。但是，他们并没有失去作为其他政治输入渠道的地位。"[②] 在亚洲，从 19 世纪到 20 世纪，农民起义和改良运动对各个国家的经济震动是频繁的。日本明治维新时期，持续的农民起义、下级武士的不满以及强藩的离心倾向给幕府统治带来了巨大的压力，并使国家体制最终发生了剧烈的变革。国家制定的一系列经济措施使日本的经济制度发生了彻底的变革，其中包括允许土地买卖、引进西方先进技术和鼓励近代工业的发展等。中国 1889 年的戊戌变法虽然没有取得成功，但在光绪颁布的一系列变法诏书中也涉及了"开办实业"、"组织商会"和"改革财政"等内容。

政治与经济因素二者交错复杂，常常难以就其各自对国家的影响加以详细区分。与政治影响力相比，每个国家都存在阶段性的经济发展困境。这里将经济发展困境作为促使国家发展经济的一个成因强调的是一个国家在没有受到重大政治影响的前提下相对主动地考虑"改变"时的一个激励因素。经济发展困境的普遍性带来了不同国家认知和作为的差异性。一个国家对经济困境的认知时段能够显著影响其跨越经济困境的时间和效果。国家对经济发展困境产生理性认知以后的"作为"往往具有较强的针对性。

中国 1978 年的改革开放给中国经济带来了巨大的生机，并使中国从此踏上了赶超发达国家的复兴之路。1953～1978 年，中国的经济增长速度并不缓慢。[③] 然而，由于受到人口的限制和经济增长方式的影响，人民的生

① W. Streeck and P. Schmitter, eds. Private Interests Government: Beyond Market and State. London: Sage Publications, 1985.

② 贾恩弗朗哥·波齐：《国家：本质、发展与前景》，陈尧译，上海：上海人民出版社，2007 年版。

③ 郭根山、刘玉萍：《改革开放以前新中国经济增长存在的问题及原因分析》，《河南师范大学学报》（哲学社会科学版）2007 年第 7 期。

活水平并没有显著的提高，整体经济实力与发达国家相比也有较大差距。1978 年，中共十一届三中全会的召开对于中国来说是一个历史性的转折点，把中国带进了改革和开放的新经济发展阶段。邓小平在改革开放之初将经济建设定位为中国当时的最大政治。随后，经济特区的设立、家庭联产承包责任制的实行、现代企业制度的建立都是国家为促进经济发展而实施的重大举措。相比之下，苏联解体后，俄罗斯进入了政治体制和经济体制的转轨时期，激烈的政治斗争使国家领导人忽略了经济发展过程中的诸多问题，这是俄罗斯经济陷入危机的一个重要成因。①

每个历史问题的产生原因和作用因素都是错综复杂的。在近代国家的历史发展中，国家承担了新的更为广泛的社会管理职能和经济管理职能。这使得国家能够在不断变化的发展过程中维持积累。利用"市场"来维持这种积累、并将社会冲突纳入制度化管理显然要难于直接镇压的处理方式。② 这便给一个国家的认知能力提出了更高的要求。无论是对政治影响的反应还是对经济困境的认识，一个国家首先都需要对任何"改变"产生动机。同时，体现国家能力的因素并不是动机本身，而是从原始动机向理性认知的转变过程。

二、外部激励因素：国际竞争压力与国外先进经验

促进经济发展的外部激励因素包括国际竞争压力、国外的政治压力、国外先进经验的传播以及国际各类通用标准的影响等。

来自外部的政治压力可以对一国的经济发展产生一定影响。"二战"后，苏联在处理与其他社会主义国家的关系中总是以"老大哥"自居，不断表现出大国主义和大党主义的作风，这不仅损害了广大社会主义国家的利益，也严重制约着社会主义国家之间正常关系的发展。③ 1948 年，苏联集团的国际组织共产党情报局将南斯拉夫共产党开除出苏联集团。在极端孤立的情况下，南斯拉夫领导在 20 世纪 50 年代初期打破了斯大林模式，

---

① 王世才：《社会政治矛盾对俄罗斯经济的影响》，《世界经济与政治》1999 年第 9 版。

② 贾恩弗朗哥·波齐：《国家：本质、发展与前景》，陈尧译，上海：上海人民出版社，2007 年版。

③ 赵艳霞：《近年我国学术界对中苏关系恶化原因研究综述》，《株洲示范高等专科学校学报》2003 年第 12 期。

走上了独立发展"自治社会主义"的道路。① 1960 年，中苏关系破裂，苏联单方面撤走所有在华核专家和停止研制核的供应，中国决定自主研制原子弹。此外，中国人民币升值的结果也同时受到国外经济方面和政治方面的压力，特别是来自美国和国际货币基金组织的政治压力，中国经济因此而受到了多方面的影响。一个国家往往因为外部的政治压力而不得不通过理性认知去做出选择，或"有为"，或"无为"。"无为"意味着"承受"，"有为"意味着"改变"和"权衡"——"外在压力"和"内在利益"之间的权衡。此时，国家所面临的是一个复杂的国际政治、经济问题。

随着经济全球化的实现，现代国家普遍面临着不同程度的国际竞争压力，尤其在国家内部相对稳定、外部相对和平的时期，参与国际竞争是关系现代国家发展的重要内容。显著的国际竞争压力可以推动国家促进经济发展的进程，使其产生"改变"的动机。参与国际竞争的国家组成了一个复杂的运行体系，在竞争中获得生存的可能。美国对合作研发的政策倾斜便源于日本在计算机领域研发的巨大投入。在日本的一系列重大经济措施的刺激下，20 世纪 80 年代，美国出现了明显的技术政策转移，并于 1984 年出台了国家联合研究法案（NCRA），为美国企业技术联盟的发展提供了政策支持。美国的政策倾斜行为是基于其对外部竞争压力所产生的一种理性认知。中国加入世界贸易组织以后所面临的国际竞争压力显著增加，相关的经济措施也相继出台。加入世界贸易组织前后，中国积极修订了包括《专利法》、《药品管理法》、《外资企业法》等多项法律法规。此外，各国为保护国内市场而制定的各种政策和措施与当今日趋激烈的国际竞争也有着紧密的关系。

相比之下，外国先进经验的传播给一个国家带来的改变是相对"温和"的。先进经验本身可能在未来转变为某种国际竞争优势，并由专利等形式（竞争压力的载体）被其他国家引入。在现代社会，由于技术更新的速度较快、对技术成果的专利保护体系日趋完善，以及技术成果商业化过程的逐渐缩短，"先进经验"可能很快转化为"竞争压力"，进而对一个国家的经济产生多方面的影响。温和的"转变"与压力下的"改变"有所不

---

① 吴敬琏：《当代中国经济改革》，上海：上海远东出版社，2003 年版。

同。外国的先进经验可以随竞争压力"之前"或"之后"来到一个国家。前期的学习成本对于一个国家来说是相对较低的，而当一种经验已经内化到技术当中、以专利等形式传入一个国家时，它所带来的更多的是"压力"，以及在"压力"和"落后"中赶超的机会。因此，这里我们所强调的是形成技术成果之前的"经验"传播。而理性的国家会对这种经验的"到来"产生危机感，并在理性认知之后有所作为。

以经济全球化趋势为背景，国际各类通用标准纷纷建立。国际通用标准对现代国家的意义重大，是"允许进入"的标志，在很多情况下是各国参与国际竞争、分割国际市场的"身份"。国际通用标准一旦确立，各国在研发、生产等方面的现行标准都要进行相应的调整以适应竞争的需要。对于没能参与国际标准制定的国家来说，"改变"是必然的。具有理性认知能力的国家会对国际通用标准的重要性有充分的认识，并采取战略措施积极参与各类通用标准的建立。

综上所述，在一系列内部、外部因素的激励下，国家通常会有寻求"改变"的动机。"动机"使国家意识到问题的存在，进而又将其发展为理性认知。这种理性认知的过程包括以下几个方面：①从问题的选择上看，国家需要从复杂的政治、经济环境中找到亟须解决的重要问题，而这些问题必定对该国经济具有显著的阶段性影响。②从认知的具体内容上看，国家需要对每个问题的产生原因和背景、选择"无为"的后果，以及选择"有为"的优势和阻力做出全面的判断。③从时间维度上看，国家要对不同发展问题的"优先级"进行选择。④从结构维度上看，一个国家需要对不同发展问题的协调性有全局性的把握。这种包括"选择问题"、"具体分析"、"确定优先级"，以及"进行协整性分析"在内的认知过程构成了一个国家理性认知"阶段性发展问题"的主要内容。理性分析是国家进一步就具体问题进行可行性研究和决策的基础，对经济问题的理性分析和判断是国家能力的重要体现。这一层面的能力不仅体现在"意识"能力上，而更多的是体现在从分析到做出判断的"认知"能力上。这里的"判断和选择"与下面所要论证的"选择"有所不同，这里所指的是对经济背景和因素的判断和对需要解决的重点经济问题的选择。在这个阶段中，国家尚未开始有实质性的行为，因此，仍然处于"认知"阶段。

第二节 可行性研究与选择：一种决策能力

一个国家在基本确定其阶段性行为结构和对象以后，需要对解决问题的途径进行进一步的分析和选择，而在这个过程中，缺乏理论支撑的选择是盲目的。即使是"摸着石头过河"，理论依托和经验比较也是十分必要的。基于理论研究和经验比较之上的决策能力是国家能力的重要体现，它可以在很大程度上决定国家后期行为的成败。

一、理论的提出与推动

Michel Beaud 指出："凯恩斯叙述了一条经济理论，这条经济理论有助于为各项新政策提供合理依据。"[①] 无论罗斯福新政的实施是否参考了凯恩斯的经济思想，凯恩斯理论对经济危机后资本主义国家的发展无疑产生了重要的影响，对当今世界经济的影响也是深远的。第二次世界大战以后，以 Paul A. Samuelson、Robert M. Solow 和 James Tobin 等为代表的凯恩斯主义经济学家沿着消费函数和投资函数两个方面对凯恩斯的理论进行了补充和发展，基于他们的理论体系，英、美等主要西方国家的政府在 20 世纪 50～60 年代防止了严重经济危机的发生。[②] 国际贸易保护的例子可谓屡见不鲜。而贸易保护理论始于 1581 年英国 William S. Stafford 提出的早期重商主义的观点，即贵金属的多寡决定一国财富的多少，导致贵金属流出的主要渠道是进口。因此，多出口、少进口是增加一国财富的基本策略。18 世纪末 19 世纪初，美国的 Alexander Hamilton 与德国的 Friedrich List 先后提出了幼稚产业保护理论，认为落后国家的新型工业在初创阶段竞争力低下，必须给予适当的贸易保护，才能免遭来自发达国家的竞争而夭折。[③]

---

① 国内外学者对于罗斯福新政与凯恩斯理论之间逻辑关系问题的研究存在分歧。如〔美〕威廉·福斯特认为"新政"大部分是以著名的英国经济学家约翰·梅纳德·凯恩斯的思想为依据的。而也有学者反驳这种观点。详见：王丽云、王华荣、朱耀顺：《浅析罗斯福新政与凯恩斯理论的关系》，《云南农业大学学报》2008 年第 6 期。
② 吴敬琏：《当代中国经济改革》，上海：上海远东出版社，2003 年版。
③ 吴敬琏：《当代中国经济改革》，上海：上海远东出版社，2003 年版。

在中国，经济理论的发展和成熟通常是在不断的"探讨"和"摸索"中实现的。1956 年末到 1957 年初，中国的政治环境比较宽松，学术讨论相当活跃，一些经济学家对计划经济模式提出了尖锐的批评。当时的统计局副局长孙冶方以 1956 年的《把计划和统计放在价值规律的基础上》和《从总产值谈起》两篇论文为开端，把批判的锋芒指向计划经济及其理论体系，并由此建立了自己的社会主义经济理论体系。他的许多政策主张都是以市场为导向的。① 第一位真正意义上在中国改革理论发展史中提出以市场取向的人是经济学家顾准。他在 1956 年指出，社会主义经济的问题在于废除了市场制度，市场应该在资源配置中起到决定性作用。面对这些经济理论的提出，中国的党和国家领导人也做出了反应。当时经济方面工作的主要负责人是陈云，他提出要对经济政策做出若干调整，形成一种"三为主，三为辅"的社会主义经济格局。毛泽东也对改革苏联式集中计划经济提出了指导性意见。他在 1956 年的讲话《论十大关系》中指出，传统体制的弊端主要在于"权力过分集中于中央"，因此，改革现有体制的根本措施在于向下级政府和企业下放权力。根据毛泽东提出的方针，中国在1958 年开始了社会主义经济建立后的第一次经济改革。②

理论的提出并不是都要先于实践的，理论与实践通常是相辅相成的。改革开放以后的中国就是一个典型的例子。邓小平理论是马克思主义中国化的一大理论成果，是与苏联模式不同的、有关社会主义建设经验的理论总结。在经济领域，邓小平理论指出了建立社会主义市场经济体制和现代企业制度的重要性，这给中国经济的发展带来了崭新的生机。中国 20 世纪 80 年代以来的改革开放各项政策都是在邓小平理论的指导下制定的。

在推动经济发展的过程中，国家需要找到正确的理论作为支撑并指导实践。在当今社会，经济现象日趋复杂，对经济现象的理论解释难度也日渐增加。然而，这丝毫没有减少学者和政府对理论研究的关注程度，自由的学术氛围为理论的形成提供了良好的平台，或找到现有的理论依托，或发展现有

---

① 孙冶方提出应当"提高利润指标在计划经济管理体制中的地位"。以此为主线，孙冶方设计了自己的社会主义经济模式。这个模式的要点是以资金量为标准，"大权独揽、小权分散"，与布鲁斯的"分权模式"从本质上看是一致的。

② 吴敬琏：《当代中国经济改革》，上海：上海远东出版社，2003 年版。

的理论框架。理论需要实践的检验，而没有理论支撑的实践是空洞的。一个国家发挥"认知"能力的过程是确定"需要解决什么问题"的过程，而其发挥"决策"能力的过程是从理论上"确定如何解决问题"的过程。

二、经验的比较与判断

在一个国家确定如何解决某个问题之前，对不同国家解决同类问题的经验比较是必要的。经验比较的结果可以帮助一个国家找到最适合自己的发展路径。比较经济学的研究方法是我们可以加以运用的。比较经济学是在 20 世纪 30 年代兴起的一门主要采用比较分析方法，对现实中不同经济制度、不同经济发展道路、不同经济结构和运行机制以及不同经济管理和决策方式等问题做对比研究的经济学分支学科。1938 年，美国经济学家 William N. Loucks 和 John W. Hoot 出版了世界上第一本《比较经济学》，真正将这一领域的研究成果系统化为一门学科。比较经济学的发展在 20 世纪 60 年代达到了高潮。随着苏联、东欧国家纷纷开始进行经济体制改革，许多经济学家开始将注意力集中在对经济体制的比较研究上，出现了一大批有影响的理论著作，从而形成了东欧、俄罗斯改革理论，其主要内容是通过对计划经济体制和市场经济体制的比较研究，批判传统的中央集权计划经济体制，论证进行经济体制改革的合理性。时至今日，比较经济学不再把研究对象局限在资本主义和社会主义两大经济制度之间的静态比较上，而是转而对不同的市场经济进行比较，其着眼点在于国家和市场经济制度之间的比较研究、跨国经济的比较研究、大国经济关系的比较研究、国家经济制度安排和政治经济学因素的比较研究等。①

不同的社会制度和文化孕育了不同的制度体系和经济运行模式，每个国家包括制度选择在内的行为都存在着理性和非理性的部分。对不同行为路径的比较研究可以为一个国家的经济发展实践提供参考。经验比较的具体内容可以包括：不同国家就某一经济问题的具体行为路径、采纳这种行为路径的背景和影响因素、行为过程中遇到的障碍和应对方案、相关经济绩效，以及制度体系的进一步演变等。这一系列的比较研究过程也是对将

---

① 景维民、孙景宇：《转型经济学》，北京：经济管理出版社，2008 年版。

要实践的制度体系进行可行性研究的过程，而最终的目的是要对适合本国背景和实际的发展方案做出选择。

第三节　促进经济发展的实践：一种实现能力

在理性认知、理论分析和经验比较之后的阶段是国家对决策的实践阶段。在这个阶段中，国家体现的是一种"实现"能力。这种"实现"能力是指国家在其综合制度体系下实现预期目标的一种能力。"实践"是国家行为的过程，而"实现"是行为的结果。国家的预期目标能否实现主要取决于国家是否能够按照理想的行为过程推进目标制度和体系的构建。即使国家的制度设计是理性的，并且具备顺利推行的内部、外部条件，现实中存在的各种阻碍因素也有可能使国家无法完全将期望目标实现。因此，这里所说的"实现"能力主要体现在两个方面：行为过程的设计和安排是否合理；对阻碍因素的应对措施是否有效。"实现"能力是各层面国家能力的核心部分，对一个国家的经济发展起到决定性作用。

一、理想的行为过程

Friedrich List 主张的国家技术战略强调积极的国家政策在经济的长期发展中所起的促进作用，并对"守夜人哲学"进行了果断的驳斥。同时，他对制度框架的重要性进行了一番阐释：

"尽管法律和公共制度并不直接产生价值，但他们对于生产能力仍然有着直接的影响，从这个角度来说，如果萨伊支持这样的观点，即无论政府的组织形式如何，都不影响国家聚集财富的能力，那么他无疑是大错特错……事实上，为了在文化水平、专业技能以及综合生产能力上取得进步，国家必须牺牲和放弃一部分物质财富……"[①]

在开放的市场经济环境下，经济主体通常会从其自身效益的角度出发来选择最优发展模式。当现有的制度安排不利于经济主体发展时，经济环境本身便会产生制度需求。此时，国家需要对该经济问题的相关方

---

① 克里斯托夫·弗里曼：《技术政策与经济绩效：日本国家创新系统的经验》，张宇轩译，南京：东南大学出版社，2008 年版。

面进行理性认知、理论论证和经验比较，最终选择一种有效的行为体系，并以此开展制度体系的构建过程。在另一种情况下，经济主体本身并没有任何制度需求，但国家认为有必要通过一定的制度安排对资源进行重新配置以获得更高的效率，进而自上而下地构建一种制度体系。强政府的存在也必须要保证政府具备足够的能力对社会经济发展进程给予有效的协调和控制，对各种社会利益集团阻碍制度改革的机会主义行为进行必要的约束。①

图 2-1 描述了一种可选的国家行为路径。在国家促进经济发展的过程中，国家能力的发挥贯穿其中。而国家行为路径则主要包括两条主线：制度体系的构建过程和对阻碍因素的调控，前者相对显性、后者相对隐性。国家通过建立约束机制来管理和监督行为主体的行为，同时构建激励机制来提高行为主体积极实现制度绩效的动机。从广义的制度内涵来看，约束机制和激励机制都是以制度的形式出现的。

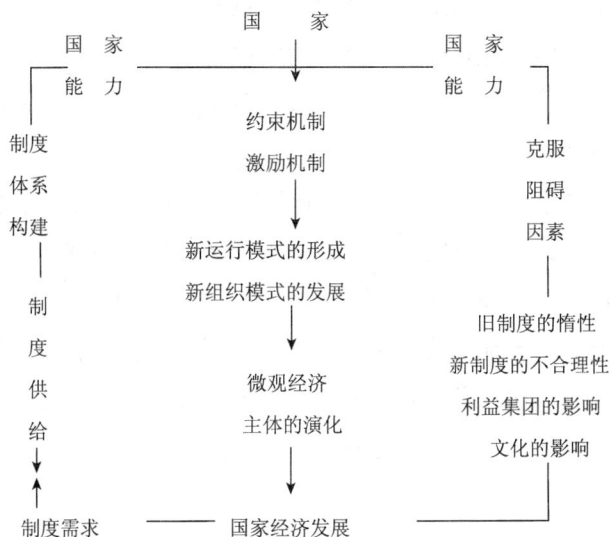

图 2-1　国家促进经济发展的行为路径

---

① 刘婷婷、张慧君：《转型深化进程中的国家治理模式重构》，《俄罗斯研究》2008 年第 6 期。

制度为各种类型的经济和政治活动提供了激励机制。从根本上说，富有的国家之所以富有是因为它们的制度约束界定了政治活动和经济活动的一系列支付，而这些支付鼓励教育与获取技能、资本扩张、新技术，并因此鼓励经济增长。① 吴敬琏认为："市场机制的有效运作是以市场制度的各项基础设施的建立为前提的。所谓市场制度的基础设施，一方面是指工商企业、中介组织、政府机构等各种组织，另一方面指由法律、规章制度等组成的全套'游戏规则'（Rules of Game）。"② 法律在制度变迁以及制度构建过程中发挥着重要的作用。钱颖一认为，现代市场经济作为一种有效运行体制的条件是法治，而法治是通过它的两个经济作用来为市场经济提供制度保障的。第一个作用是约束政府，约束的是政府对经济活动的任意干预。第二个作用是约束经济人行为，其中包括产权界定和保护、合同和法律的执行、公平裁判、维护市场竞争。这通常要求政府在不干预经济的前提下以经济交易中第三方的角色来介入。如果没有这两个经济作用作为制度保障，产权从根本上说是不安全的，企业不可能真正独立自主，市场不可能形成竞争环境并高效运作，经济的发展也不会是可持续的，因而法治也是现代市场经济区别于传统市场经济、造就有限政府（Limited）和有效政府（Effective）的制度基础。③

在一定的约束机制和激励机制基础之上，新的运行模式和体系逐步形成，新的组织模式得以发展。此后，微观经济主体开始演化，最终促进一国经济的发展。另一条相对隐性的行为是克服各种阻碍因素所带来的影响，这些影响包括旧制度的惰性、新制度的不合理性、利益集团的影响以及文化的影响等。这些影响因素的应对方法通常无法明确地体现在约束机制和监督机制之中，需要国家充分发挥其"实现"能力加以调控。④

---

① 斯坦利·布鲁：《经济思想史》（第6版），焦国华、韩红译，北京：机械工业出版社，2003年版。
② 吴敬琏：《当代中国经济改革》，上海：上海远东出版社，2003年版。
③ 景维民、孙景宇：《转型经济学》，北京：经济管理出版社，2008年版。
④ 其中，在制度设计初期，国家可以在一定程度和范围上减少新制度的不合理性，而在制度运行以后的反思和调整阶段，一些细微的调整、修正和补充在一些情况下很难再以正式制度的形式出现。

二、现实的阻碍因素

"改革"不是一个经济自发演进所必然能够导致的过程，而是一种制度的重新安排。这就意味着经济利益关系的调整，而利益的调整又必然会遇到那些不愿意放弃原有既得利益的人的阻碍和反抗。由于"实现过程"中的各种问题而使一国经济陷入困境的例子屡见不鲜。①在国家实现其预期目标的过程中存在着众多的影响因素，其中包括：旧制度和经济运行模式的惰性、新制度和运行模式的不合理性、来自利益集团的影响和来自文化的抵制作用等。

1. 旧制度和经济运行模式的惰性

新制度学派的理论认为，一种制度实际上就是一个利益分配的方案，它的稳定存在，说明各方的利益之间达成了均衡。当制度发生变迁时，即用新的制度取代旧的制度时，可能导致利益的再分配，各种利益关系就处于动荡、冲突之中。利益分配、利益冲突以及对利益冲突的解决，主宰着制度变迁的过程和命运。只有当制度使利益关系调整至均衡状态时，制度才可能重新处于均衡状态，制度变迁才能完成。② 制度一旦确立，个人选择行为和结果会强化它们的持续存在。比如，通过年金计划实施的工人股票所有制会加强对资本主义制度的支持。作为一个强化的结果，国家的制度是路径依赖的：首先选择的（或加强的）制度路径会决定长期采取的路径。制度会逐渐地演变，因为"参与者"③ 有时能够成功地使"规则"朝有利于他们的方向改变。只有当很明显地对于达到所需目标的某一特定的制度路径是一条死胡同或当需要的目标本身发生了改变时，社会才会以激进的方式改变它们的制度。④

旧制度和经济运行模式的"惰性"的产生与下面几个原因相关：①旧的经济制度和运行模式不是一蹴而就的产物，从打破这种现有均衡直至达

① 吴敬琏：《当代中国经济改革》，上海：上海远东出版社，2003 年版。

② 袁峰：《制度变迁与稳定——中国经济转型中稳定问题的制度对策研究》，上海：复旦大学出版社，1999 年版。

③ 参与者是利用某一特定的制度框架所提供的各种机会的个人和组织。

④ 斯坦利·布鲁：《经济思想史》（第 6 版），焦国华、韩红译，北京：机械工业出版社，2003 年版。

到新的均衡状态这个过程是需要时间的，也就是说，任何一种新制度体系的建立都是需要时间的。②每一种现有的制度或模式都不是孤立存在的，而是受到众多相关制度体系的支撑。故而，将现有制度推向新制度的过程中，与其相关联的体系和因素会在一定程度上起到牵制性的影响作用。③旧的制度或模式本身可能并没有达到面临瓦解的地步，虽然有种种弊端，但仍然能够在现有环境下"生存"。① 新制度体系的构建是国家实现预期目标的重要途径，而国家能力也体现在对旧制度和现有经济运行模式的惰性的应对方式上。鉴于上述三方面原因，国家可以采取某种有效措施对制度惰性加以规范。一是，新制度的建立通常需要一定的时间才能完成。而在这个过程中，国家可以采取措施尽量节约新、旧制度之间产生的摩擦成本，并尽量缩短达到新均衡状态的时间。及时、完善的法律体系可以有效降低摩擦成本，并推动新制度体系的顺利运转。二是，在构建制度体系的时候应该考虑到联动体系的构建问题，使相关协调系统对新制度的构建起到辅助作用，而不是抵制作用。三是，国家的发展必然需要不断打破现有的运行模式而寻求新一轮的最优发展路径，即使现有模式仍然可以维系国家的生存。因此，国家应该坚决推动新制度的运行，根除旧制度的种种弊端，形成一种有效的国家行为方式，为改革奠定良性循环基础。

2. 新制度与运行模式的不合理性

尽管国家在制定政策时已经尽可能地考虑到了新制度体系的合理性，但我们仍然能在实践中发现它不合理之处。产生这种现象的一个重要原因是政策制定者的"有限理性"特征，而这种不合理性又极易导致机会主义行为的产生。有限理性和机会主义行为两大因素是国家在实现预期目标过程中的重要障碍。

有限理性概念是由 Herbert A. Simon 首先提出的。他认为，人的行为"意欲合理，但只能有限达到"。西蒙通过有限理性的理论分析，完成了对经济理性含义中极大化原则的修正。具备经济理性的经济行为人必须具备

---

① 下文我们要谈及的利益集团、经济激励、文化影响等各种原因，从广义上说，也是产生制度惰性的因素，但在这部分里讨论的"惰性"是狭义的，将制度本身作为独立影响因素的一种界定。

一系列"理性"特征，具体而言：他们具备所处环境的完备知识（至少也相当丰富和透彻）；他们具备有序稳定的偏好体系；他们具备能计算出备选方案中哪个可以达到最优的计算能力。但是，现实中经济行为人由于心理资源的稀缺，无法满足完全信息、稳定偏好和全面精确比较择优的理性要求，只能选择满意原则以替代极大化原则。① 从制度层面上来说，由于制度设计者的"有限理性"，新制度以及由新制度支撑起来的运行模式很难达到完全的合理，尤其是当相关制度主体之间的责任和权利没有被清晰界定的时候，机会主义行为的存在便是必然的。Oliver E. Williamson 认为，机会主义假设扩展了传统理论中人的自利动机，为经济人在自利的引导下寻求策略性行为留下空间。② 机会主义存在的必然性并不意味着可以无限制地放纵机会主义行为，问题的实质在于控制机会主义的强度，最大限度地使人们在既定制度的约束之下"安分守己"，谋求自身利益。由制度形成期的机会主义冲动带来的思维方式和行为方式可能会侵蚀来之不易的制度成果。③

机会主义行为的产生与制度本身的合理性和完善性是相关联的。然而，任何一种制度安排都不是完美的，有效的激励机制可以帮助解决上述问题。国家在构建相关制度体系的时候应该着重考虑制度的合理性和相关激励机制的构建。健全的激励机制可以在一定程度上降低机会主义行为产生的概率，提高人们接受和运行新制度体系的动机，从积极的角度避免投机、偷懒等行为的出现。除了激励机制以外，合理的约束机制可以从另一个角度制约机会主义行为的蔓延、维护新制度的运行，严格执行的法律和政策是约束机制的重要内容。这一阶段的国家"实现"能力包括国家合理设计新制度的能力和对机会主义行为的应对能力。

除了约束机制和激励机制以外，制度运行以后的调整和反思过程也可以在一定程度上减少新制度的不合理性，这个问题将在第四节详细论述。

① 袁艺、茅宁：《从经济理性到有限理性：经济学研究理性假设的演变》，《经济学家》2007年第2期。

② 芮明杰、袁安照：《现代公司理论与运行》，济南：山东人民出版社，1998年版。

③ 李厚廷：《论制度转型期的机会主义》，《徐州师范大学学报》（哲学社会科学版）2007年第5期。

3. 来自利益集团的影响

18 世纪美国的一些政治学家就注意到美国社会中出现了利益集团，并开始研究这些利益集团在政治和社会中的作用。James Madison 被公认为研究利益集团问题的"第一个重要的美国理论家"。他为利益集团下了这样的定义："为某种共同的利益的冲动所驱使而联合起来的一些公民，不管他们占全部公民的多数或少数，而他们的利益是损害公民的权利或社会的永久的和总的利益的。"后来，随着学科的发展，越来越多的学者对利益集团进行研究，并对它做出不同的定义。但是总的来说，利益集团是指那些为追求共同利益而采取一致行动的个人集合体，其行动绝大多数是通过各种方式影响政策的制定过程，以保护或扩大自己的利益。经济学研究利益集团问题相对较晚。到了 20 世纪 60 年代，经济学家 Mancur L. Olson 在其专著《集体行动的逻辑》① 中，较系统地分析了利益集团的形成及其内部运作情况，也涉及了利益集团影响决策的问题，但没有将利益集团的分析与宏观上的制度变迁联系起来；进入 20 世纪 70 年代，James M. Buchanan 等人研究公共选择时，首次成功地将经济学用于政府决策研究，但重点研究的是政府官员的行为，并且将官员也作为古典经济学中原子式个人，而没有将其作为一个利益集团对待。进入 20 世纪 80 年代中后期，新制度学派在西方经济学界崛起，才将利益集团作为制度演进过程中研究的一个基本单元。其中，Douglass C. North 和 Lance E. Davis 等人②在经济史研究中专门研究了利益集团之间的博弈对经济制度变迁的影响过程。他们认为，制度演进的方向与一个社会中利益集团之间的博弈过程和结果有关。因此，North 认为，如果说制度是游戏规则，那么利益集团是玩家。新制度学派还认为，从静态来看，制度演进的方向是由社会中处于强势地位的利益集团决定的。而强势集团之所以能够决定制度演进的方向，又主要是通过一定的方式获取国家政权的支持，或者通过赎买，或者通过强制。③

---

① Olson Mancur. The Logic of Collective Action. Harvard University Press, 1965.

② Davis Lance and Douglass C. North. Institutional Change and American Economic Growth, London: Cambridge University Press, 1971.

③ 张亿：《利益集团分析框架下的体制改革绩效评价与利益协调机制研究》，福州：福州大学硕士学位论文，2006 年。

利益集团通常通过游说议员、疏通政府、诉诸司法等方式维护自身的利益。① 当国家要采取的措施与利益集团的利益不相符时，利益集团会采取各种手段加以干涉。而这种干预在保护某集团利益的同时，有可能给该国的社会经济发展带来负面影响。真正有效的制度设计有可能会损害利益集团的利益，但却能给社会带来长远的效益。国家在制定政策推动经济发展和变革的过程中，需要对利益集团之间的利益，以及利益集团与整个社会的利益进行权衡，最终选择有利于政治稳定和经济发展的最佳方案。国家在实践预期目标时对利益集团可能带来的负面影响的抵制能力是国家"实现"能力的一种体现。

4. 来自文化的抵制作用

Douglass C. North 认为，一种社会制度的演进总是受其既存文化、传统、信仰体系等因素的制约。社会文化的不可移植性决定了任何一个国家都不应也不可能照搬照抄别国的制度。适宜的文化环境不仅可以为经济发展提供强大的精神动力，而且也是有助于良性制度安排发挥作用的不可缺少的保障。相反，文化也可能成为经济发展和制度变迁的制约力量。我国许多学者也把俄罗斯休克疗法的失败归结为正式制度与文化的冲突，认为我国渐进的制度变迁为文化对新规则的调整适应留下了缓冲的空间，避免了文化与制度变革的激烈冲突。②

由于文化传统深深地嵌入在社会经济生活当中，正式制度的变迁通常是与一定时期的文化形态相结合的。③ 人们是否习惯于接受新生事物？是更加容易满足于守旧的思维方式和运行模式，还是更倾向于接受有益于全局的改变？在国家实施经济措施以达到预期目标的过程中，文化的影响作用是深远的。但文化本身并不是一个不可控因素，虽然时间的积淀使文化具有一定的"顽固性"，但文化仍然随社会的发展而在不断地演化着，这样就意味着国家可以影响文化的发展方向。国家可以创造氛围来孕育优秀本土文化和新生文化分支的发展、将本国文化中有利于阶段性发展和目标

① 宋玉波：《西方国家利益集团的政治功能分析》，《求实》2004 年第 7 期。
② 钱富新、刘志国、吴玲：《制度变迁过程中的文化因素分析》，《中共中央党校学报》2004 年第 11 期。
③ 王立宏：《文化演化与经济制度变迁》，《黑龙江社会科学》2005 年第 1 期。

实现的部分提取出来并加以突出、通过正式或非正式制度抑制那些对社会经济发展不利的文化影响等。

第四节 绩效评价、调整与演化：
一种"反思"能力

在第四个阶段中，国家需要对其行为绩效进行分析，必要时根据绩效做出相应的调整，而这种"反思"又是重新产生新"认知"的必要过程。任何一种制度都应是不断演化和发展的，国家在这个过程中应该充当主要的角色。一个只顾提供短期制度供给而忽视长期制度绩效的国家在"能力"上存在缺失。短期的制度供给不合理会牵制相关制度体系的构建和发展。虽然不同程度的不合理性是不可避免的，但是国家仍然可以通过评价和调整来规范新制度的演化方向。在这个过程中，国家发挥的是一种"反思"能力和"再行动"能力。一旦国家形成了一种行为习惯，即"认知—行动—反思—再行动"的行为模式，那么国家制度体系的发展过程将会是一个优循环过程。"调整"和"演化"意味着对先前事物的部分否定，而合理的否定是不应该受到排斥的。因此，这种"反思"能力不仅包含对制度合理性和行为绩效的判断能力，还包含自我否定和改进的能力。

一、经济绩效的评价与反思

经济绩效的评价可以划分为主观评价和客观评价两大类。主观评价法主要是对经济绩效进行定性分析，运用的是对客观事物进行系统的主观描述的方法。这种方法在处理某些不易量化的社会变化时具有优势，但容易受到价值判断等主观因素的干扰，进而影响评价结果的准确性。客观评价法主要是采取现代的统计技术等方法对各种能够反映社会经济情况的通用指标进行处理，由于指标选取具有一致性和连续性，因而这种方法便于纵向和横向比较，相对前者而言比较客观，但不便于处理一些无法量化的指标。[①]

对国家行为绩效的评价是存在一定难度的，可以综合考虑各种可量化

---

① 景维民、孙景宇：《转型经济学》，北京：经济管理出版社，2008 年版。

和不可量化的标准。具体经济措施所带来的直接绩效在多数情况下是可以量化的，例如，电价收费体系的改革给经济带来的直接影响是可以计算的；为促进某种企业模式发展的行为绩效也是可以通过一定的量化标准来评价的。例如，企业的利润率、企业对 GDP 的贡献率、企业的创新成果和专利申请数量、企业创新成果的转化率及商业化收益等。这种评价方式也同样适用于一些组织，如产业联盟；从国家整体发展状况来看，我们可以运用一些较为成熟的经济指标体系来对国家行为绩效进行衡量。例如，基尼系数（Gini Coefficient）是国际上用来综合考察居民内部收入分配差异状况的一个重要分析指标。欧洲复兴与开发银行的《转型报告》所设计的转型指标系统地提供了对转型国家向市场经济过渡进程的跟踪研究。①

　　然而，直接经济绩效的评价不应该是唯一的标准，一些难以量化的标准对于评价国家行为绩效也是不可或缺的。我们常常会将着眼点放在制度所带来的短期效应上，而没有全面和动态地考察国家某种行为的长期绩效。某种制度体系与周围的环境和制度是否能够融合？是否会在长期带来一些负面的经济效应或导致整体制度体系的不协调？例如，一类公共品价格的提高在增加国家财政收入的同时又会影响到家庭的储蓄和支出水平，进而影响到消费品的需求、供给和价格等诸多因素；对相关企业征收环境税可能会影响到商品的价格，进而波及市场供求；对某个特殊行业或组织的促进措施可能会影响到相关行业的发展，进而导致失业、不公平竞争等现象的出现。这些都是我们需要对国家长期行为绩效进行评价的方方面面。它体现了一个国家是否有能力构建一套从长远角度可行的制度体系，而这种全局的把握和构建能力与构建过程基本完成后的"反思"能力是同样重要的。

二、经济政策和制度的调整与演化

　　当我们发现某种制度体系在实践的过程中与周围制度环境并不协调，

---

　　① 《转型报告》主要通过自由化、私有化、稳定化、企业改革、基础设施建设、金融体制和社会改革等几个方面的指标来分析转型国家在制度变迁、宏观经济稳定、经济增长和以社会发展为中心的社会生活各主要领域的经济转型进程。详见：景维民、孙景宇：《转型经济学》，北京：经济管理出版社，2008 年版。

或者已经产生一系列期望之外的负面影响时，国家需要做及时的调整。社会和制度都在不断的调整中演化，调整在一定程度上决定了演化的方向和速度。对制度体系的调整过程也是制度变迁的一种驱动，而制度的调整又可以进一步促进理论的完善。

在一种制度体系刚刚构建以后不久便对其进行适当的调整是存在成本的。①新的制度体系还没有充分得到运行，"调整"意味着在尚未稳健的制度基础上增加新的"支点"，当然，如果这种调整可以切实弥补新制度的不合理性，那么从长远来看这种调整可以为"变革"降低成本。②在新体制构建时受到打击的利益集团有可能会伺机诱导调整过程进而为其自身谋利。③频繁的调整可能会动摇与制度相关的行为人对制度效果的信念。④调整本身也是需要时间的，进而又会增加此过程中机会主义行为产生的几率。因此，对经济政策和制度的调整过程需要注意到"选时"（Timing）和"择度"（Extent）。"调整"意味着对新制度体系在不同程度上的"震荡"，是为了降低长期制度运行可能产生的各种成本，而在调整过程中，国家应该通过合理考虑"调整"的时间和程度以尽量降低调整本身带来的成本，只有当长期制度成本的降低程度大于短期调整成本时，调整才存在意义，演化才能朝着积极的方向发展。

国家能力的一种体现是能够推进由政策、法律等构成的制度体系不断进行发展并随之演化。国家应该充分发挥其能力来完成、规范和引导制度体系从构建到反思，再到调整和演化的过程。政策、法律等制度内容的长期演化过程会影响社会制度体系的发展，是国家政治稳定、经济发达的基础。演化的方向应该是积极的。对旧制度弊端的根除、对利益集团的行为规范和利益补偿、为新制度体系添加合理的新"支点"、对文化氛围的营造等都是制度演化过程中国家需要作为的领域，而推动社会经济在"构建"和"反思"中循环发展是国家在促进制度演化过程中的核心角色。

第三章 研究型合资企业（RJV）的发展与国家能力的约束

一种微观组织模式的发展会受到众多因素的影响。本书将这些影响因素分为两个部分：一般性影响因素和国家能力的约束。一般性影响因素包括历史的沿袭与社会制度的制约、来自国内外市场的外部压力、企业家能力与管理理念等，而来自国家能力的约束是影响制度构建的根源。这种约束力来源于国家在局部"均衡"状态下的主观认知、对多种组织模式的分析和选择、行动力和实践，以及反思和调整等。本章将对上述问题进行深入的分析和探讨。

第一节 研究型合资企业形成的理论基础、形成动机和经济绩效

研究型合资企业（RJV）是一种促进合作研发的组织模式，它的形成固然与技术研发本身的特点相关。技术研发过程的基本特征包括不确定性、可积累性和外溢性，而这些特征与合作研发的产生有着重要的关联性。

研发投入所能带来的技术成果是存在不确定性的。研发成功所需要的时间、研发期间可能出现的技术难点、研发成果的最终形式与预期之间的差距，以及研发成果的商业化潜力等一系列问题对于研发主体来说都是不确定的。而这些不确定性意味着研发投入本身存在着风险性，例如，研发中遇到了技术难题而无法继续下去、研发投入最终并没有带来任何实质性的突破性成果、其他研发主体在其成功研发之前率先取得了成功并申请了

专利保护、研发成果的商业化过程困难重重等。这些因素通常使研发主体不会轻易决定"是否投入"和"投入多少"的问题，进而为不同主体的研发投入动机带来负面影响。单个企业（尤其是非多样化的企业）不愿意投资于研究范围广泛、成果具有较高不确定性的研发项目，因为它们很难获得期望的范围经济。①

"可积累性"是技术研发的又一个特征。研发主体过去的技术成果和解决问题的能力都是在不断积累的，而"学习"是技术知识"积累"的重要途径。研发主体不仅能从自身的产品研发过程和生产技术的经验积累中不断学习，还可以从其他企业的相关产品和技术成果中学习。处于不断积累状态的技术知识储备也在一定程度上决定了研发主体所选择的研发内容和研发投入。② 而技术知识积累的速度、途径和有效性又体现了不同研发主体的研发能力。

"外溢性"③ 是技术研发过程的重要特征。由于技术的外溢性质，发明者通常不能占有其研发成果的全部收益。也就是说，我们没有找到一种绝对严谨的机制来保证真实的消费者偏好得以体现。此时，严重的"搭便车"问题就会出现，即一旦使用者意识到他们可以在某种程度上无偿受益于某种知识时，他们便不会透露出对这种知识的真实偏好，并试图减少或者完全回避对相关研发成本的分摊。而最终的结果是创新市场失灵，无异于任何一个产权界定不善的市场。④ 考虑到技术研发的外溢性和不确定性，企业投资研发的动机不高，进而从社会角度上来看，有效的研发投入无法达到最佳水平。提高研发动机最显著的办法是为发明者提供对研发成果的垄断控制权。虽然这种办法必然会提高研发的事先动机（动态效率），然而，过多的垄断权又会与市场效率（静态效率）的目标背道而驰，不利于

---

① A. N. Link and G. Tassey. Strategies for Technology – Based Competition: Meeting the New Global Challenge. Lexington, MA: Lexington Books.; R. R. Nelson, The Simple Economics of Basic Scientific Research. Journal of Political Economy, 1987 (67): 297 – 306.

② 但这并不意味着知识储备和参与合作的动机之间存在着确定的相关性。

③ 这里需要指出的是，通常我们所指的具有较强外溢性质的技术是共性技术知识（generic knowledge），其不需要很高的成本和时间就可以通过学习而获得。相比之下，有关产品开发的具体实践类知识却很难在短时间内获得，学习的成本也相对高昂（Vonortas, 1997）。

④ R. H. Coase. The Nature of the Firm. Economica, New Series, 1937 (4): 386 – 405.

公共福利的提高。

技术研发的过程除了以上三个重要特征以外，其成败还受到一系列其他因素的制约，其中包括来自资金资源和人力资源的约束等（如资金的持续供应能力和科研人员的研发能力）。

一、合作创新的理论依托及其对 RJV 的诠释

合作研发指不同类型的研发主体（如企业、研究机构、大学、政府实验室等）以松散/紧密的合作方式、通过投入某种资源（资金、设备、人才等）来共同对某种技术进行研究的一种创新模式。我们可以从不同的理论角度对这种创新形式进行诠释，其中包括交易成本理论和战略管理理论。

1. 交易成本理论

交易成本又称交易费用，是产权经济学的核心。1937 年，美国芝加哥大学法学院教授 Ronald H. Coase 在其《企业的性质》一文中指出："建立企业有利可图的主要原因是利用价格机制是有成本的。"自科斯以后，Oliver E. Williamson 对交易成本理论做了较系统的完善。Williamson 认为，交易费用就是"经济系统运转所需要付出的代价或者费用"，并把交易成本分成合同签订前的成本和合同签订后的成本。[①] Williamson 认为，应从合同关系研究企业行为。他指出："任何问题都可以直接或间接地作为合同问题来对待，这对于了解能否节约交易成本很有用处。"合同不完全的时候（也就是当合同没有完全明确各方行为的时候），交易成本会显著增加。企业的无形资产就很难或根本无法写成完全合同，其中最典型的无形资产便是技术知识。[②] 按照交易成本理论，企业的产

---

① 合同签订前的交易成本是指"草拟合同、就合同内容进行谈判以及确保合同得以履行所付出的成本"；合同签订后的交易成本有不适应成本、讨价还价成本、建立及运转成本、保证成本。

② 这些知识可以是显性的，如专利和设计等；也可能是隐性的，以企业员工熟知的技术诀窍（know - how）为形式而存在。

生源于成本的降低。而在研发领域，外溢①会提高单个研发主体的研发成本，进而导致不完全合同和机会主义行为②的产生。而合作创新可以将外溢在一定范围内内部化到合作组织／企业中，降低由不完全合同和机会主义行为可能带来的成本。此外，一些企业可能由于难以承担较高的技术研发成本而无法进行独立研发，而如果企业通过技术贸易的方式获得技术成果，则可能需要付出高昂的技术交易成本，同时，还可能使企业在一定程度上失去市场竞争中的技术优势与主动权。根据 Coase 的交易费用理论分析，不同企业、大学和政府实验室等研发主体共同组建 RJV 可以将不同技术资源在市场上转移和交易的费用转化为 RJV 内部的研发管理成本，以合作研发契约替代技术资源的直接交易，进而降低企业等主体投入研发时的成本。综上所述，我们可以通过交易成本理论从两个方面解释 RJV 这种组织模式对成本的节约效应：一方面，RJV 的形成可以降低技术研发产生的外溢成本；另一方面，RJV 可以在直接技术交易成本较高时通过建立新的组织／企业来降低交易成本。

2. 战略管理理论

20 世纪 60 年代出现的战略管理理论认为，战略的基础是适应环境，适应环境的目的是扩大市场占有率。而只有获取理想的市场占有率，企业才能生存和发展。根据战略管理理论，现代商务环境中技术联盟的形成（合作与竞争并存）被视为一种战略变化和影响竞争（Shaping Competi-

---

① 经济学家提出了三种外溢：货币（市场）外溢、知识外溢和网络外溢。货币外溢影响的是物化技术，这种外溢的产生是由于一种新的／改进的产品（或过程）的价格没有能够体现消费者获得的收益；知识外溢的产生是由于科技知识（不一定必须物化到一种产品或服务中）从一个主体转移到另一个主体的过程中没有得到足够的补偿。知识外溢可以是横向或者纵向的；网络外溢产生的前提是一个企业向其他生产互补产品的企业创造了正外部研发效应。这三种外溢会降低单个企业投资研发的动机，进而产生市场失灵现象。详见：A. Jaffe. Economic Analysis of Research Spillovers: Implications for the Advanced Technology Program. Discussion Paper. Advanced Technology Program. Gaithersburg, MD: National Institute of Standards and Technology, 1996。

② 科技知识的购买方和销售方动机不同。买方需要获得与技术的实践相关的详细信息，然而当产权尚未转让或许可之前，买方不会轻易展示自己的产品，因为那样会大大降低其技术产品的价值。市场和技术的不确定性又进一步促成了机会主义问题。详见：K. J. Arrow, Economic Welfare and the Allocation of Resources for Invention, in: R. R. Nelson, eds. The Rate and Direction of Inventive Activity: Economic and Social Factors. Princeton, NJ: Princeton University Press for the NBER, 1962。

tion）的途径。从这一理论出发，不同学者对 RJV 的形成有不同的诠释。①

（1）将技术合作视为一种学习和创造知识的动力。一些学者提出了合作的学习效应（Kogut，1988；Ciborra，1991；Teece 等，1994），他们认为，合作是通过建立组织间的紧密关联来转移企业隐性专业知识的一种有效机制。Granstrand 等（1990）提出，企业有时无法整合自身不熟知的能力和知识。而合作可以使企业获得进入新技术领域的知识。② 合作能够使企业积累那些在未来可能被转化为新技术的知识，进而给企业带来更多的技术选择。因此，对于合作的内涵可以有两种描述：一种是学习和创造新知识和新能力的驱动力；一种是新知识在组织内部或组织间应用和扩散的机制。③ 根据这种观点，我们可以将 RJV 诠释为一种促进知识学习和扩散的机制。

（2）将研发合作视为一种创造新技术选择的工具。战略研发投资具有不可逆转性，终止一个未到期的项目会产生巨大成本，而如果错过了研发机会，具有正绩效的研发投资又会被延迟。企业是一个决策机构，不断地在一系列潜在投资选择中确定最佳方案以合理利用其自身的资源。④ "实际投资选择"与"金融期权"相似，企业可以将 RJV 视为一种合理定价的看涨技术期权（Reasonably Priced Call - option），企业必须加入 RJV 才能获得特定的技术期权，加入 RJV 的成本是期权价格，在确定的时间段以后，企业会重新评估其对 RJV 的投资，即根据 RJV 获得的新科技信息和市场上的新信息去衡量所研究技术的期望收益，从而进行决策：放弃此项技术研发，或者采取下一步措施，增加技术研发投入。事实上，RJV 成员就像期权持有人一样，所承担的风险是有限的。技术和市场的不确定性越高，合作对于企业的吸引力就越大。

---

① Yannis Caloghirou, Stavros Ioannides and Nicholas S. Vonortas. Research Joint Venture: A Survey of the Theoretical Literature, in: Yannis Caloghirou, Stavros Ioannides and Nicholas S. Vonortas, eds. European Collaboration in Research and Development. Edward Elgar Publishing Inc, 2004.

② M. Dodgson. Technological Learning, Technology Strategy and Competitive Pressures. British Journal of Management, 1991 (2): 133 – 149.

③ D. Llerena. Cooperations Cognitive et Modeles Mentaux Collectives: Outils de Creation et de Diffusion des Connaissances, in: Guilhon B., Huard P., Orillard M., and Zimmermann J - B eds. Economie de la Connaissance et Organisations: Entreprises, Territoires, Reseaux. Paris: L' Harmattan, 1997: 356 – 382.

④ R. S. Pindyck. Irreversibility, Uncertainty, and Investment. Journal of Economic Literature, 1991 (29): 1110 – 1148.

（3）将 RJV 视为企业共享资源的途径。这种观点源于 Edith Penrose（1959）的经典文献。根据这种理论，企业的资源是宝贵的、稀缺的、不可替代和难以仿效的。因此，一个行业或者一个战略集团中的企业所控制的战略资源通常是不同质的。为了充分开发这些不同质的稳定资源并形成持续竞争优势，企业通常需要外部互补资源。[①] 这种观点实际上与 Oliver E. Williamson 的观点相似。RJV 通常在持有互补资源的研发主体之间形成。组建 RJV 的研发主体可以充分利用彼此资源的差异性与互补性，更加有效地配置研发资源，促进技术研发绩效的形成。

二、研究型合资企业形成的动机和决定因素

RJV 的形成动机和影响因素一直以来都是该领域学者所关注的重要问题，很多学者提出各种假设并对其进行了检验。综合各种观点，企业参与 RJV 的动机可能包括：

· 将外溢内部化；

· 分摊研发成本；

· 减少重复性研发；

· 分摊风险、减少不确定性；

· 保持研发投入的连续性、创建融资渠道；

· 获得互补资源和技术；

· 获得研发的协和效应；

· 进一步有效配置资源；

· 帮助进入市场、创造投资选择；

· 形成市场势力；

· 获得法律和政治优势；[②]

· 与先进技术的发展保持一致。[③]

---

① G. B. Richardson. The Organization of Industry. Economic Journal, 1972 (82)：883 – 896.

② Yannis Caloghirou, Stavros Ioannides and Nicholas S. Vonortas. Research Joint Venture: A Survey of the Theoretical Literature, in: Yannis Caloghirou, Stavros Ioannides and Nicholas S. Vonortas, eds. European Collaboration in Research and Development. Edward Elgar Publishing Inc. , 2002：23.

③ Yannis Caloghirou, George Hondroyiannis and Nicholas S. Vonortas. The performance of research partnerships. Managerial and Decision Economics, 2003 (24)：85 – 99.

Douglas（1990）归纳了 RJV 与企业独立研发相比的优势：①可以汇集资源，追求单个企业不能达到的更多或者更大的研究项目。②RJV 可以通过成员之间互补的研发力量来形成协同作用，使整体效应大于局部效应之和。有利于聚集人才，进行跨学科研究。③RJV 有利于长期研发项目的连续投入。④不同成员之间可以分摊风险。⑤RJV 可以减少成员企业的重复投入。⑥因为增加了工业研究项目，RJV 能够吸引外界资源的支持，包括政府支持。⑦RJV 能够创造新的技术投资选择，而这种选择在独立研发时会受到如下因素的制约：所需要的高资源投入、很高的不确定性、研发成果的不完全占有性质、现有能力不足等。Caloghirou 和 Vonortas（2000）的经验分析指出，企业参与合作研发的主要目的包括：成本和风险分摊、获得互补资源和技术、开发研究的协同效应，以及与重要技术的发展保持一致。除了上述合作动机，合作关系是否能够建立还要受到下面因素的制约。

（1）规模的影响。大企业通常比小企业有更大的动机去投资研发。但是，大企业为了增加自身的市场势力通常不愿意和小企业一起组建 RJV。决定两个企业是否要合作形成 RJV 的重要因素是它们的规模相似。[①] 企业规模的不同会使企业强调不同类型的研发。大企业往往投资较多，但却很少投资在高风险的研发项目上。相比之下，小企业在新技术方面的研发投资较高。因此，RJV 不易于在不同规模的企业之间形成。[②]

（2）行业和领域的影响。当企业处于不同行业时，它们不会面临激烈的产品市场竞争，其合作的几率可能更高。源于资源互补，RJV 往往易于在销售互补产品的企业之间形成。虽然没有证据表明这种"互补"现象具有普遍性，但对于一些行业来说（尤其是纵向关联的行业），互补性尤其可以增加 RJV 的形成几率。Navaretti 等（1999）对 RJV 形成动机的研究也进一步表明：合作伙伴的不对称性是企业加入 RJV 的一个决定因素。

---

① Lars – Hendrik Röller, Mikhel M. Tombak and Ralph Siebert. Why firms form research joint Ventures：Theory and Evidence. CIG Working Papers FS Ⅳ 97 – 106, WZB, Research Unit：Competition and Innovation（CIG）, Revised Oct, 1997.

② R. Rosen. Research and Development with Asymmetric Firm Sizes. RAND Journal of Economics, 1991（22）：411 –429.

（3）合作经历的影响。企业曾经参与合作研发的经历能很大程度上提高其参与形成 RJV 的可能性。[①] 但经常参与 RJV 的企业又不太可能进一步参与更多的 RJV。也就是说，RJV 的收益递减。[②]。

（4）对市场结构的考虑。Yannis（2004）等学者提出，对于竞争前研究来说，如果研究项目会影响未来的市场结构或者可以促进共同技术标准的形成，那么合作的几率会增加。如果企业预期其自身可以通过独立开发而完成某个研究项目，那么它们与其他企业合作的可能性不大，这些企业更加关注其市场份额的增加，且会尽量避免重大技术信息向研究伙伴的散发。

Hernan 等（2003）对企业参与 RJV 的决定因素进行了经验分析（Empirical Analysis）。他们对 RJV 进行了文献综述，运用欧洲 RJV 数据库对模型进行了估计，并发现对"参与 RJV"起到正面影响的因素包括：研发集中度（Sectorial R&D Intensity）、行业集中度、企业规模、技术外溢和过去参与 RJV 的经历。而相比之下，专利的有效性会降低 RJV 形成的可能性。此外，来自大国的企业参与国际 RJV 的可能性较低。

三、研究型合资企业的绩效评价

收益率和增长率是一些学者提出的客观绩效评价标准（Franko，1971；Lecraw，1983；Gomes – Casseres，1987）。然而，客观评价标准未必能充分反映一种合作伙伴关系实现其短期或长期多样化目标的程度（Anderson，1990；Contractor 和 Lorange，1988；Killing，1983）。比如，一种合作关系的建立可能会提高成员的战略定位[③]或者增加参与成员的无形资产，而并不是创造利润。[④] 主观评价标准和成员目标的联系更为紧密。然而，目前

① R. Hernan, P. Marin and G. Siotis. An Empirical Evaluation of the Determinants of Research Joint Venture Formation. Research Paper Prepared for the Project "Science and Technology Policies Towards Research Joint Ventures", Project SOE1 – CT97 – 1075, TSER, European Commission, DG XII, 1999.

② Lars – Hendrik Röller, Ralph Siebert and Mikhel M. Tombak . Why Firms Form (or don't Form) RJVs. CEPR Discussion Paper, 2005：1645.

③ K. W. Glaister and P. J. Buckley . Strategic Motives for International Alliance Formation. Journal of Management Studies, 1996 (33)：301 – 332.

④ Yannis Caloghirou, Stavros Ioannides and Nicholas S. Vonortas. Research Joint Venture：A Survey of the Theoretical Literature, in：Yannis Caloghirou, Stavros Ioannides and Nicholas S. Vonortas, eds. European Collaboration in Research and Development. Edward Elgar Publishing Inc, 2004.

对合作绩效的主观评价尺度还没有被清晰的界定。即使我们能将主观评价标准统一起来，给某个特定合作的成功标准赋值也是有难度的。

Berg、Duncan 和 Friedman（1982）对合作绩效的客观评价标准进行了研究。他们发现，企业的合作（尤其是短期合作）对利润率既有消极影响也有积极影响。消极影响是研发主体共同获取知识以后风险降低的直接结果，因为标准的风险分析理论认为低风险与低收益率是相关的。而合作对收益率的积极效应源于市场势力的增加。Ralph Siebert（1996）提出，影响合作企业利润率的一个积极因素是成本的分摊效应，而企业的规模效应会以消极方式影响合作企业的利润率。Ralph Siebert 发现企业的规模效应比成本分摊效应大，因此，合作企业的利润率最终受 1% 的负效应所影响。与上述观点相悖，Vonortas（1997）利用客观评价标准发现合作和企业收益率负相关的证据并不充分。Benfratello 和 Sembenelli（1999）研究了一些接受政府资助的 RJV，并以三个绩效标准"劳动生产率、总要素生产率（TFP）和价格—成本差额（Price – cost Margin）"对相关数据进行了分析。结果表明，这些 RJV 的成员企业比未接受资助的企业有更高的劳动生产率、总要素生产率和价格—成本差额。

合作关系成功的主观标准通常由成员目标被实现或超越的程度来衡量。[1] 其中，公司战略目标的实现可以用来作为衡量合作关系绩效的标准。[2] Caloghirou 和 Vonortas（2000）对大量欧洲企业进行了调查，并得出了 RJV 的主观绩效评价标准。企业期待从特定 RJV 中获得的重要收益包括：获取/创造新知识、开发新产品，以及提高自身的技术和组织能力。也就是说，企业可以通过衡量这些目标被实现的程度来判断合作的绩效。Caloghirou、Hondroyannis 和 Vonortas（2000）对 RJV 绩效的进一步研究表明：合作研究活动与企业现有的行为越相关，成员之间的知识盗用问题越少，RJV 成员为获取知识而付出的努力越多，则该特定 RJV 成功实现或超

---

① K. Brockhoff and T. Teichert. Cooperative R&D and Partners' Measures of Success. International Journal of Technology Management, 1995 (10): 111 – 123.

② A. Yan and B. Gray. Bargaining Power, Management Control, and Performance in United States – China Joint Ventures: A Comparative Case Study. Academy of Management Journal, 1994 (37): 1478 – 1517.

越成员整体目标的几率就越大。

Link 和 Bauer（1989）用主观、客观相结合的评价标准对 RJV 的绩效进行了研究并指出：一个企业进行的合作研发、这个企业的市场份额以及该企业的内部研发生产率三者是成正相关性的。沿着这样的研究路线，Scott（1996）分析了一组企业样本，结果表明，"合作"确实可以激励新研究的出现，进而扩展企业的研发范围。

从社会层面上看，RJV 是否会带来反竞争效应的问题一直受到学者们的关注。广泛的合作有可能导致竞争的减少，而这种减少未必能被创新所带来的收益增长所抵消。① Nicholas S. Vonortas（2000）指出，虽然人们广泛承认 RJV 能让企业重新拥有参与研发的私人动机，但经济学家同时也提出警告：RJV 有可能为成员之间的勾结创造机会。如果在多个产品市场上相遇的企业之间频频进行研发合作，那么反竞争行为会大大增加。这一现象在一组美国 RJV 数据中已经有所体现。而问题的关键是动机的权衡：RJV 在提高研发动机方面所带来的优势是否能够大于"勾结"可能带来的研发动机的降低。Lars - Hendrik Röller 等（1997）的研究结果却是积极的。他们认为，对于 RJV 的反垄断担忧应该是有条件的。他们用理论和经验证明，RJV 往往不易在规模不同和生产同类产品的企业间形成，从而大企业不易于同它们的竞争对手合作。成本分摊可能对福利有消极影响，但生产互补产品的企业形成 RJV 又可以提高福利。所以，对 RJV 相关政策的制定应该首先考虑企业形成某个特定 RJV 的具体情况。Klaus Gugler 和 Ralph Siebert（2007）的研究结果表明，尤其是合资企业，RJV 能够在带来相同效率的同时不带来合并可能带来的反竞争（市场势力）效应。他们通过经验研究解释了合并与 RJV 的内部形成机制，并指出合并带来的效率也可以通过 RJV 获得。进而，从消费者福利的角度上看，RJV 是一种替代合并的选择。Gugler 和 Sieber（2004）对 1989～1999 年的半导体产业进行了经验分析，并对合并企业和 RJV 的"市场势力效应"与"效率效应"进行了比较。研究结果表明，RJV 能够带来更高的消费者福利。他们建议

---

① Scott, T. John. Purposive Diversification and Economic Performance. New York：Cambridge University Press, 1993.

有关当局在审查一项合并提案时要考虑 RJV 等合作形式能否在产生较小市场势力的前提下创造与合并相同或比合并更大的效率，进而选择更为有效的市场结构安排。

四、企业合作研发的模型研究现状

关于企业参与技术创新时组织模式的模型分析可以大致分为两类，一类强调对"创新时间"（Timing of Innovation）的分析，这类模型分析的主要内容包括对参与竞赛的企业数量的界定、总体研发投入量及其在企业之间和时间上的分布、市场的势力效应、技术优势以及技术的不确定性。而其重要缺陷在于没有将技术知识的可积累性质和外溢（不完全占有）性质考虑进来；另一类强调的是对"创新的程度"（Extent of Innovation）的分析，研究内容通常与成本的降低程度[①]或产品差异相关。[②]

1988 年，D'Aspremont 和 Jacquemin 发表了一篇具有开创性的论文，题为《有外溢存在的双寡头垄断情况下的研发合作与非合作安排》[③]，此后便出现了大量关于研发的"无时限类"（Atemporal）分析，这些分析通常使用多阶段（Multi‐Stage）模型对研发合作和非合作状态下的行业安排进行研究，并且将知识的不完全占有性质和成本降低因素考虑了进来[④]。这些文献研究了合作与非合作安排在增加最终产出和提高社会福利方面的相对效率，其研究结果一致认为：首先，RJV 可以帮助解决企业的研发外溢与研发投资之间的权衡问题。其次，合作可以提高企业参与具有高度不可占用性研发活动的动机，尤其是在产品市场相对不集中或者企业参与的是独立的竞争性研发活动的时候。然而这些关于"创新程度"的文献都几乎局限于战略竞争的静态模型或者简单的动态博弈（超博弈[⑤]）。

---

① 参见：Dasgupta 和 Stiglitz，1980；Brander 和 Spencer，1983；Spence，1984。

② 在这类模型分析中，企业参与研发投入的目的通常是为了降低成本，进而在产品市场上的参与价格和产出方面的竞争。详见：Spence（1976），Dixit 和 Stiglitz（1977）。

③ D'Aspremont and Jacquemin. Cooperative and Noncooperative R&D in Duopoly with Spillovers. The American Economic Review，1988（78）：1133–1137。

④ 相关文献包括 Spence（1984），Katz（1986），De Bondt 和 Veugelers（1991），Kamien、Muller 和 Zang（1992），Simpson 和 Vonortas（1994），Vonortas（1994）等。

⑤ 在这种超博弈（Supergames）中，一阶段博弈被无限次重复或重复固定次数，而忽视了一个重要的问题，即技术知识变量的价值是随时间推移不断变化的。此外，超博弈方法的研究结果对假定的时段的数量十分敏感。

鉴于上述模型的局限性，近几十年来该领域学者开始尝试利用动态模型对研发的合作与非合作安排进行分析和比较。其中具有代表性的文献包括 Vonortas（1997），Maskin 和 Tirole（1988），Joshi 和 Vonortas（1996、2000）等。① 这些动态模型考虑到了技术知识的不完全占有性（Imperfectly Appropriable）和可积累性，进一步探讨和完善了对有效研发组织模式的建模与分析过程。

Stephen Martin（1994）构建了一个竞赛模型（Tournament Model），对进行方法研发时的 RJV 和非合作安排②进行了比较。其结论是，如果 RJV 由全行业的企业组成，③ 那么：RJV 成员将减少研发投资（整体研发支出下降），进而延迟成功研发的期望时间；企业不会自愿加入这样的 RJV；即使成员延迟成功研发的时间，但是这种 RJV 一旦形成，仍能产生社会效益（因为产品市场竞争增加）；如果这个行业是双寡头垄断的，则 RJV 不仅能带来社会效益，还能带来私人效益，且研发成本和创新规模都是巨大的，此时企业愿意参加。

如果 RJV 仅由部分企业参与时，④ 那么：研发的社会最优市场结构是复杂的，取决于企业数量和 RJV 成员排斥对手的能力；一定程度上的合作通常能使社会福利最大化（尤其是对剧烈创新来说），但是如果没有政府的进一步诱导，具有社会效益的 RJV 是不会自发产生的；⑤ 如果一种创新是非剧烈的，一定程度的合作通常是社会最优的，但也不能保证企业会自愿加入 RJV。

---

① N. S. Vonortas. Cooperation in Research and Development. Boston, MA; Dordrecht, Netherlands: Kluwer Academic Publishers, 1997; E. Maskin and J. Tirole. A Theory of Dynamic Oligopoly, I: Overview and Quantity Competition with Large Fixed Costs. Econometrica, 1988（56）: 549 – 569; E. Maskin and J. Tirole. A Theory of Dynamic Oligopoly, II: Price Competition, Kinked Demand Curves, and Edgeworth Cycles. Econometrica, 1988（56）: 571 – 599; S. Joshi and N. S. Vonortas . Two – stage R&D Competition: An Elasticity Characterization. Southern Economic Journal, 1996（62）: 930 – 937.

② 非合作模型的建模前提是古诺均衡的产品市场上有 n 个对称企业，创新结果可能是剧烈的或非剧烈的（如果失败者的最佳选择是放弃，那么一种技术就是剧烈的；如果是非剧烈的，则发明者可以将其许可给竞争对手）。

③ 该结论的前提包括：全行业 RJV；分享私人研究成果，但不分摊成本；产品市场上古诺竞争；创新结果是非剧烈的。

④ 同时不分摊成本；发明者可以将创新成果许可给其他企业。

⑤ 因为模拟结果没有表明企业加入 RJV 可以最大化其期望收益。

最后 Stephen Martin 给出了两条政策建议：①由于加入 RJV 的企业越多，使用新技术的企业就越多（无须交付许可费），所以如果想达到期望的社会福利水平，政府需要对 RJV 排斥对手企业的权利加以限制。②因为具有社会效益的 RJV 通常不是单个企业的最佳选择，所以政府需要采取措施用以诱导这种 RJV 的形成。Martin 的模型考虑到了不确定性的存在，并且从企业效益和社会福利两个方面比较了"独立研发"与"合作研发"两种不同的研发安排。而其主要缺陷在于：①模型分析中并没有考虑到技术知识的可积累性质。②该模型没有考虑到技术知识不可完全占有的性质，即知识的外溢性，而该因素是企业进行合作研发的重要动机之一。

在非竞赛模型（Non-tournament Model）中，Simpson 和 Vonortas （1994）提出了一种权衡研发竞争与合作的静态模型（两阶段古诺竞争）。其结论是，在一定前提下：[①] 对于全行业 RJV 来说，研发合作支出达不到最佳水平；如果社会对最终工业产出的需求曲线是凹的，即使没有外溢，行业 RJV 也比竞争安排的绩效更好（产出更高），能带来更高的社会福利；如果需求曲线是凸的，RJV 可能在有足够外溢[②]的时候才可能带来比竞争安排更好的绩效。Simpson 和 Vonortas 的模型结论与锦标赛模型的结果完全不同，这是因为其建模方法和保证其运行的环境存在巨大差异。锦标赛模型是动态的，且包含了不确定性。然而，它没有将知识的外溢性质纳入进来，而且只能用特定的方程形式来分析。非锦标赛模型明确将知识外溢考虑进来，而且是用一般性方程形式进行分析的，然而它是静态的，且没有囊括不确定性因素。

Vonortas（1997）对如上非竞赛模型进行了改善，并构建了一个动态研究框架，分别对研发竞争和研发合作采取了"无限交替行动"和"同步行动"的分析方法。其结论包括：在非合作安排下，如果两个企业研发的是替代品，则一个企业投入增大会使对手企业的利润减少；如果两个企业研发的是互补品，则一个企业投入增大会使对手企业的利润增加。Vonortas 将 RJV 分为三种不同类型：支出决策型（Secretariat RJV，简称 S 型），成

---

① 全行业 RJV；方法创新；成员分享研发成果；第一阶段是研发合作，第二阶段是竞争。
② 这里指 RJV 内部企业之间的知识外溢。

果分享型（Operating Entity RJV，简称 O 型）和两阶段合作型（简称 M 型）。① 其结论包括：外溢率与总体研发投入正相关；成员相互影响越强，总研发投入越大；对 S 型来说，外溢率增加可以提高两个企业的知识储备和每个时段的总研发投入；初始知识储备相同情况下，S 型成员的研发投入高于非合作安排；在每个时段，O 型都比 S 型总体研发投资水平高。

学者们对 RJV 与非合作安排之间的模型比较分析已经有了很大程度上的发展，为不同国家 RJV 的发展提供了参考和启示。然而，模型研究本身容易受到各种前提条件的制约。同时，模型分析有时很难将所有影响因素都纳进来，进而使其研究结果存在局限性。理论研究的最终结果还需要在实践中加以检验。

第二节　研究型合资企业发展的重要影响因素

研究型合资企业（RJV）是一种企业组织模式，它的发展必然受到那些约束一般类企业发展的各种因素的影响。任何一种企业的发展都要沿袭其国家企业发展的一些历史特征。社会制度对企业发展的制约虽在 21 世纪显著降低，但也仍然存在。来自国内和国外市场上的竞争压力、企业家的创新理念等因素也以某种方式影响着企业参与 RJV 的动机。

一、历史的沿袭与社会制度的制约

18 世纪初期，在英国首先发展起来的合股公司是近代公司制度的"祖先"。1834 年，英国议会授权君主向合股公司发放特许证书，使之具有通过政府官员进行代理诉讼的权利，这事实上几乎承认了合股公司的法人地位。1844 年，英国议会又通过了公司法，将公司的建立由特许制改为注册制。到 1856 年，英国共有 910 家这样的合股公司登记注册。②

---

① 支出决策型 RJV 的成员企业只是共同决定它们的研发支出水平；成果分享型 RJV 成员还完全分享研发成果；两阶段合作型 RJV 成员在研发和产出两个阶段都进行合作。

② 1837 年底一部普通公司法在美国康涅狄格州（Connecticut State）获得通过。按照这一法律，政府认可只要符合一定条件并经过注册，任何公司都可以获得法人地位。接着，英国在 1844 年通过了类似的公司法。这样，公司制度才正式建立起来。详见：吴敬琏：《当代中国经济改革》，上海：上海远东出版社，2003 年版。

相比之下，中国在 1956 年"敲锣打鼓进入社会主义"。随后，苏联式的国有国营企业制度在全国建立起来。当时的"国有企业"实际上只是一个进行成本核算的基层生产单位，而不具有企业所必须具备的各种特征。1978 年，中国步入了改革开放的新时期。1982 年，邓小平提出了"建设有中国特色的社会主义"。从此，在社会主义制度下真正意义上的现代企业制度才开始在中国逐步建立。

RJV 是一种企业组织模式，它的运行和管理具备企业的特征。企业制度发展的历史和社会制度形态的演变会对 RJV 的发展起到一定程度的约束作用。在发达国家，企业制度由来已久，进而建立在一种稳定的企业制度结构上的新型企业组织模式更加容易得到发展。相比之下，中国的产学研合作模式以企业为合作模式的数量相对较少，而且在一定程度上沿袭着"国有企业"的一些特征。[①] 这与国有企业改革困难重重、耗时之久有着相似的理论根源。外部的制度激励可以对这种社会制度约束和对历史发展模式的路径依赖与沿袭起到一定的"摩擦"和"抵消"效应，而带来这种外部制度激励效应的任务应由国家来承担。

二、来自国内、国外市场的外部竞争压力

在激烈的市场竞争中，竞争各方都会试图获得竞争优势、改善生存环境并争取更广阔的生存和发展空间。为此，企业必须采取各种手段来增强自身的竞争实力。从短期效应看，改善经营管理、加强经济核算、节约开支、降低成本是可供选择的有效途径。从长远来看，不断进行技术创新、取得一定时期的技术优势和技术垄断地位是维持企业长久生存、取得高额利润的有效途径。[②] Lemaitre 和 Steiner（1988）对比利时的 12 个不同产业中 41 个大企业的 131 个创新项目进行了调查，其中有 64% 的创新项目是反应型的，36% 是主动型的，反应型创新是企业受到竞争威胁后进行的。高建等中国学者进行的调查显示，中国企业主要是在市场竞争压力下开展技术创新的，迫于市场竞争压力开展技术创新的企业更多。在 29 个制造工

---

① 关于这个问题本书将在第五章加以论述。
② 李丽青：《企业 R&D 投入与税收政策研究》，北京：中国言实出版社，2008 年版。

业部门中，有 20 个行业的技术创新行为是由市场竞争压力诱致的。[①] 国内、国际巨大的竞争压力使技术更新的周期不断缩短。企业等创新主体为了寻求生存和发展会选择一种应对竞争压力的战略方式。而合作研发可以降低研发风险、通过聚集研发资源帮助缩短研发周期，提高其在竞争中取胜的几率。

三、企业家的创新理念和创新驱动能力

早在 20 世纪初，Joseph A. Schumpeter 便在《经济发展理论》一书中将"创新"定为"企业家对生产要素的重新组合"，并特别强调："创新是企业家的基本风格或企业家的基本职能。"[②] 然而，C. K. Prahalad 和 Richard A. Bettis（1995）指出，"惯例依赖"会推迟企业解决新问题的时机。麦肯锡咨询公司的 Richard Foster 用"技术断裂"概念解释了企业"惯例依赖"对技术更新战略的影响。图 3-1 描述了技术断裂对企业技术更新战略的影响。纵轴表示某项技术开发对产品性能改善的影响，横轴表示技术的研究开发费用，S 曲线描述了某项技术的产品性能随技术研发投入的增加而不断提高的情况。在技术开发的早期，技术开发所需的知识积累过程需要较多的投入，但是，随着投入的不断增加，技术进步愈加容易，然后会达到技术的极限，之后又会变得缓慢而昂贵。此时，研究和开发更有潜力的新技术成为有利的选择。但是，由于惯性依赖的作用，原有技术企业的竞争基础很难打破。[③] 在不确定性条件下，企业家的决策往往依赖于过去的经验，对模糊性的厌恶和对可能性的低估将导致其产生风险规避倾向。[④] 这种暂时"均衡"的改变在很大程度上取决于企业家的创新理念。企业家首先要有"破旧立新"的精神。在 21 世纪的今天，暂时领先的技术很容易会被替代或赶超，企业应该将技术的稳定期看做新技术研发的启动阶段，进而跨越"技术断裂阶段"为

---

① 高建：《中国企业技术创新分析》，北京：清华大学出版社，1997 年版。

② 李丽青：《企业 R&D 投入与税收政策研究》，北京：中国言实出版社，2008 年版。

③ 刘刚：《企业的异质性假设——对企业本质和行为的演化经济学解释》，北京：中国人民大学出版社，2005 年版。

④ Raphael Amit and Paul J. H. Schoemaker. Strategic Assets and Organizational Rent. Strategic Management Journal, 1993（14）：33-46.

企业发展带来的时滞。

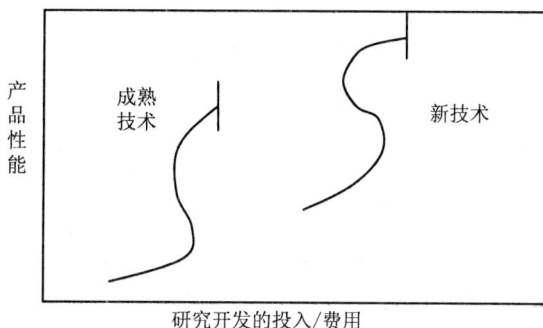

图 3-1　技术断裂

　　对于那些急于创新以求生存和发展的企业来说，合作创新无疑为其提供了一种组织选择，而这种组织选择又可以为企业带来多样化的技术选择和发展机遇。然而，这里就产生了一个问题，即对于具有创新理念的企业家来说，是选择独立研发还是合作研发？选择与大学合作还是与企业合作？选择与互补企业合作还是与竞争企业合作？选择共建实验室还是建立独立的实验室而后共享研发成果？对如上众多问题的考虑是企业家创新理念的外延，即创新理念不仅指企业家参与创新的意识，还指对创新方式的选择等有利于企业有效创新实现的判断和认知。

　　创新理念应该是一种发散性创新思维方式，企业家应该对于任何一种可以促进创新的选择方式有充分的理解。在这种前提下，有鉴于合作研发存在的理论基础和企业的参与动机，RJV 这种新型合作创新模式无疑是企业实现创新的一种组织选择。企业家的最终决策对企业的行为起决定性作用。没有选择参与创新或合作创新的企业未必不能维持运转，而选择创新或合作创新的企业也未必就能收支相抵、投资成功。企业家的创新理念应该是理性的，理性的企业家应该考虑如下问题：①企业是否有必要参加 RJV 进行合作研发。企业家需要对不同类型的合作研发模式的特征进行比较，这些特征包括：管理控制权、合作持续时间、交易成本，以及一体化程度等。可选择的组织模式包括：RJV、研发联盟（R&D Alliance）、研究协会（R&D Consortium）、研发卡特尔（R&D Cartel）等。企业可以选择更加松散的合作模式，而 RJV 是一种更为紧密的合作形式。在发达国家，RJV 成员通常在研究阶段合作，尔后进行独立生产。与产业联盟等合作模式相比，RJV 的运行更多体现的是企业的特征。其中，从研发成本的分摊到各阶段研究成果的共享机制都以合同的形式纳入 RJV 的日常管理当中。Z. Tao 和 C. Wu（1997）对 RJV 和 CLA（交叉许可协议）进行了比较，其结论认为，来自同一行业、合作创新成果应用到相同领域，并在之后的产品市场上展开竞争的成员企业将选择 RJV 作为合作的组织选择。① 他们对 1985～1992 年的 76 个合作项目样本②进行了比对，其结果如表 3 - 1 所示，RJV 对于同行业中的竞争企业来说是一种合作关系更加稳定的选择。②企业自身是否具备参与合作研发的实力和优势。企业自身的实力和优势是企业等各主体在组建 RJV 之前用以考察合作成员的一个准入标准。理性的合作成员会衡量各成员之间的资源优势和研发能力，以最低的成本对资源进行最优配置。因此，企业的规模、资源、合作研发经历，以及所在行业等因素决定着其参与到某个特定 RJV 的可能性。"不对称"在一定程度上表明企业成员在技术和资源方面存在互补性。如果企业需要彼此合作以实现集成效应，那么"不对称"能增强合作的稳定性。③ ③是否能够通过 RJV 获得期望的收益。RJV 成员所投入的各种资源的专用性较强，时间成本也较高。企业家需要在短期投入和长期投入之间做出选择，长期投入需要持续的资金供应，同时也需要一个长期知识交流和积累的过程。

表 3 - 1　合作研发组织和参与者类型

参与厂商来自		RJV	CLA	合计
第一种类型	同一国家、同一产业	13	0	13
第二种类型	同一国家、不同产业	14	25	39

---

① Z. Tao and C. Wu . On the Organization of Cooperative Research and Development：Theory and evidence. International Journal of Industrial Organization, 1997（15）：573 - 598.

② 来源于从《华尔街日报》索引找出的 1985 年 1 月 1 日到 1992 年 12 月 31 日的合作研发数据。

③ 王安宇：《合作研发组织学——组织模式、治理机制与公共政策》，上海：立信会计出版社，2007 年版。

参与厂商来自		RJV	CLA	合计
第三种类型	不同国家、同一产业	5	14	19
第四种类型	不同国家、不同产业	4	1	5
总　计		36	40	76

创新驱动能力是企业家促进创新实现的一种能力，是影响 RJV 这种合作创新模式发展的一个因素。如果企业选择将参与 RJV 作为基本研发路径，那么除了独立运行自己的企业以外，企业家还要设计和参与其所在 RJV 的运行和管理。在这个过程中，企业家参与合作研发的组织和管理经验、对 RJV 组建初期问题的协调能力（如产权界定、成本分摊、运行模式等）、对合作中遇到问题的处理能力等都对 RJV 的顺利组建和稳定运行起着决定性的作用。也就是说，这种驱动能力既包括促进 RJV 成功组建的能力，还包括推动 RJV 稳定运行的能力。

第三节　国家能力约束下的 RJV 发展[①]

某种企业组织发展的程度和效果除了受到上述因素的影响以外，还受到国家制度的约束和激励。国家能力对企业组织发展的约束是一切制度影响的根源。国家能力的约束力体现在如下几个方面：国家在阶段性"均衡"状态下的主观认知能力、对多种组织模式的判断和选择能力、对目标的实现能力以及对国家自身行为的反思能力。国家的作用不是简单的制度供给，而是对制度供给提供的时间、内容和所带来的绩效等一系列问题进行思考和行动后产生的综合效应。通常，一般的企业组织可以在市场经济环境下得到良好的发展，国家只需提供必要的制度供给便可以使其作为一种重要的经济实体为经济的稳定和增长做出贡献。然而对于市场失灵存在的领域，企业的发展不仅需要内在的发展动力（如企业家的创新理念和才能）和外在激励（如激烈的国际竞争），源于国家能力的制度影响也是不

---

① 刘婷婷：《国家能力约束下的研发合作发展研究》，《东岳论丛》2011 年第 5 期。

可或缺的，即国家在应对市场失灵时的经济问题时应该起到积极和理性的指导作用。在技术研发领域，美国这样的崇尚"市场作用"的资本主义国家也不再"袖手旁观"，相继出台了一系列促进科技发展和技术合作研发的政策和法案进行干预，构建了一个有效的制度框架。其制度框架的核心是良好的市场经济运行基础，国家的制度供给在很大程度上起到的是激励和促进资源重组的作用。而在市场经济运行尚不健全的经济环境中，有效制度框架的构建却存在难度。其原因包括：企业的内在动能不够、对政府的依赖过多、对资源的整合能力较差、对激励和监督机制的反应不够敏感等。虽然事前的基础不同，国家仍然可以通过充分发挥其能力来改变预期的发展结果。国家可以对经济运行的某个领域给予有效的局部制度"弥补"。所谓局部制度"弥补"指国家用有效的制度安排来弥补经济主体运行过程中内生动能的缺失部分，使其达到与健全经济运行体相同的绩效。合作研发是一个特殊的经济发展领域，由于技术知识的各种特点，市场失灵现象普遍存在，国家能力的重要性对于每个国家来说都是不言而喻的。

一、阶段性"稳定"状态下的主观认知

"稳定"是一种阶段性特征，社会体系中的每一种企业制度模式都遵循着某种演化路径。其中，最为常见的路径是"产生—发展—稳定—演进"的过程。"演进"意味着两种可能，一种可能是在原有基础上朝着多样化方向发展，另一种可能是被新的、更加有效的模式所取代。世界经济发展到今天，已经形成了若干稳定的企业组织模式，如独资企业、合资企业等。① 这些不同的企业模式构成了一种"稳定"状态，然而这种稳定只是阶段性的一种静态"均衡"现象，未必是有利于可持续发展的动态"均衡"状态。国家的认知应该是具有前瞻性的，当一种新型企业组织模式产生和发展的时候，这种静态"均衡"将被打破。此时，社会资源重组，企业之间的结构随组织自身的变化而发生改变，进而新的利益分配格局形成，以崭新的机制为经济发展带来新驱动力。我们可以将这种局部的格局变化视为经济发展的一种"内生动力"。真正的稳定必然建立在发展的基础之上，"稳定"不是"停滞

---

① 企业组织模式按照不同的标准有多种划分方式。

不前"和"不变"，而是有序和积极的"改变"。

一些"改变"是市场经济发展的必然要求，可以在内部、外部作用因素的激励下自发产生。而在一些市场失灵的领域，上述内生动力的产生需要来自国家的辅助。在合作研发领域，企业由于种种顾虑可能没有足够的合作研发动机，进而将自身的研发水平"稳定"在一个欠佳水平，这种"稳定"会使社会整体技术发展的步伐放缓。一个国家应该对本国合作研发的实际情况有充分的认知：是否已经存在有效的合作研发机制，并对技术创新起到了有效的推动作用；市场经济发展的基础是否能使合作研发的动机足够大，以至于国家仅需提供具有"链接"性质的制度供给①就足以将"内生动力"激发；不同合作主体的现有特征是否有利于合作研发体的形成和发展。对于不同类型的合作主体来说（包括企业、大学、研究机构、政府实验室等），不利于合作研发顺利进行的成员特征包括：合作成员的研发优势不够明显，难以被准入合作组织或在合作中没有主动权；合作成员在合作之前不能很好地将其现有的技术成果物化到合同中；合作成员对资源的自整合能力较差，对政府或第三方的依赖过多；合作成员对合作研发的管理缺乏经验；合作成员的内在合作"动能"② 不足，可能由于对激励和监管机制的反应不够理性。

利润对于一般类企业来说是一种激励。然而对于合作研发组织来说，合作的目标是技术，利润只是一个长期衡量指标，阶段性的评估可以降低机会主义行为出现的几率，提高对各类资源利用的有效性，在一定程度上激发合作的内在"动能"，降低由于资源（包括资金、人力资本、时间）浪费所带来的成本。然而，有些合作成员可能对激励和监管机制反应不够理性。所谓不够理性指没有将激励有效地加以利用，或将监管机制看成了一种束缚而不是一种有利于其发展的战略预警机制。这有可能是市场发育不健全的国家最难克服的一个问题之一。在这些市场中，合作研发活动依然影射着责权不清晰的低效运行特征。国家只有对上述问题有正确的认

---

① 例如，促进合作研发的信息平台和中介机构。
② 物体由于运动而具有的能叫动能，它通常被定义成使某物体从静止状态至运动状态所做的功。这里借以表示合作成员促使合作运转起来的能力。

知，才能做出正确的决策，并推出有效的局部制度"弥补"措施，即国家可以通过充分发挥其能力来改变预期的发展结果。

二、对具体组织模式的分析和判断

在多种促进合作研发的模式中，国家应该为哪些模式提供制度激励和制度支持？是否有必要对某种特定组织模式加以促进？针对这些问题，国家在判断和决策的过程中需要重点从两个角度进行思考：哪些组织模式对经济增长的（阶段性）作用较为显著；哪些组织模式更加需要国家的有效制度供给。从广义上来讲，有利于技术创新的各种模式都在国家的制度框架之中。但国家可以有选择地通过规范和促进一些最为有效的组织模式来构建一种适合于本国发展的技术创新体系。在这个创新体系中，有利于合作创新的各种组织模式有不同的制度优先级和制度供给内容。国家的这个分析和决策过程直接决定着后期的制度构建，对不同组织模式的发展是非常关键的。国家可以考虑借鉴学者们的理论研究结果和国际发展的经验来做出选择。

具体而言，国家在对不同研发合作模式进行理性选择时需要分析不同合作模式的特点和组织优势，进而确定其要提供制度支持的领域。如表3-2所示，Vittorio Chiesa 和 Raffaella Manzini（1998）① 基于合作的一体化水平对各种典型的研究开发合作组织进行了总结。"收购"的一体化水平最高，因为企业完全将资源和研发活动整合。相比之下，外包的一体化程度很低，因为企业需要完全将技术活动外部化。在这些技术合作的组织模式中，国家需要选择重点支持的领域。为此，国家通常需要从企业和社会两个层面对不同组织模式的经济绩效进行思考。在众多合作模式中，RJV可能带来较高的企业经济绩效和社会福利。Albert N. Link 研究了 PWB - RJV（Printed Wiring Board，印刷线路板）项目②的研究效率和早期经济效益。在直接效应中，最显著的是研发效率的提高。项目至少使总研究成本降低了53%。研究效率的提高又反过来降低了新项目和新程序开发的循环

① V. Chiesa and R. Manzini. Organizing for Technological Collaborations: A Managerial Perspective. R&D Management, 1998（28）: 199 - 212.

② 该项目有 ATP 参与成本的分摊，并由七个公司组成团队负责，圣迪亚国家实验室（Sandia National Laboratory）也参与其中。本案例分析的时段从 1991 年中到 1996 年中。ATP 对 PWB - RJV 的资助产生了一系列直接经济利益或间接经济利益。

周期。总体而言，成员企业的生产力提高，且在世界市场上的竞争地位提高。Molto 等构建了一个模型分析企业的技术选择，他们的研究结果表明，RJV 比专利共享或非合作安排带来的社会福利更高。[①]

表 3 - 2　技术合作的组织模式

企业收购 （Acquisition）	一个企业为了获取想要的技术或技术能力而收购另一个企业
企业合并（Merger）	一个企业与另一个拥有技术或技术能力的企业合并，进而组成新企业
许可（Licensing）	企业获得某个特殊技术许可
少数股东权益 （Minority equity）	企业购买含有技术的股本，但没有管理权
合资企业 （Joint venture）	一个企业建立一个正式的合资企业（股权），即创新第三个有特定技术创新目标的企业
合作研发 （Joint R&D）	一个企业与其他企业共同进行某项特定技术或技术领域的研发（非股权）
研发合同 （R&D contract）	一个企业为研究机构、大学或小型创新企业提供研发成本用以开发某项特定技术
研发基金 （Research funding）	一个企业为研究机构、大学或小型创新企业提供资金用以对某项创新思想进行探索性研究
联盟（Alliance）	一个企业与其他企业分享技术资源以期达到技术创新的共同目标（非股权）
联合体 （Consortium）	几个企业和公共机构为达到共同的技术创新目标而合作（非股权）
网络关系 （Networking）	一个企业建立关系网络用以与某种技术发展保持一致、获悉各种技术机遇和革新趋势
外包（Outsourcing）	一个企业将技术活动外部化，进而直接获取相关成果

　　RJV 拥有多元研发主体，可以在改善高新技术企业研发效率的同时提高社会总体研发水平。从企业层面上看，RJV 的形成有利于企业研发成本的节约和资源的有效配置。由于高昂的研发成本以及研发成果的不确定性，高新技术企业常常缺乏独立进行重大技术研发的动机，而通过技术贸

---

① M. J. Gil Molto, N. Georigantzis and V. Orts. Cooperative R&D with Endogenous Technology Differentiation. Journal of Economics and Management Strategy, 2005 (14): 461 - 476.

易获得技术成果的方式除了可能付出高昂的交易成本以外，还会使高新企业在一定程度上失去市场竞争中的技术优势与主动权。不同企业、大学和政府实验室等研发主体共同建立 RJV 进行研发可以使企业共同参与由单个企业无法实现的研发活动。具体来说，一方面可以分摊研发成本、降低研发风险、将不同技术资源在市场上转移和交易的费用转化为 RJV 内部的研发管理成本；另一方面还可以充分利用不同资源主体的差异性和互补性，更加有效地配置研发资源，促进技术研发绩效的形成。

从社会层面上看，RJV 是解决研发正外部性和市场失灵问题的有效企业组织模式。由于新技术研发的正外部性特征，研发主体通常不能占有其研发成果的全部收益，总体研发水平常处于低于社会最佳水平的状态，研发市场的失灵现象继而出现。完善的专利制度可以在一定程度上将这种外部性内在化。政府通过给予发明者对其研发成果的专利权来保护其合法收益，从而激励企业增加技术研发的投入。而 RJV 在帮助解决正外部性和市场失灵方面的作用主要包括两个：①企业等研发主体可以通过形成技术联盟将其各自的研发外溢内部化到 RJV 中，将独立企业之间的知识外溢转变为企业成员之间的"内部外溢"，并共享技术信息和成果。这种"内部外溢"包括两个方面：一方面指研发主体之间在 RJV 运行过程中信息和成果的共享；另一方面指在 RJV 组建之前，各参与成员可以通过签订合同来明确界定参与合作之前的技术信息和研发成果的共享内容和方式。②政府可以通过补贴具有正外部性的研发活动来提高研发投入的社会水平。① 政府可以作为参与研发的成员向 RJV 投入人力资本、设备或资金，也可以以补贴等形式资助 RJV 的研发活动，进而帮助解决市场失灵的问题。此外，RJV 的形成可以有效降低重复研发的可能性。这无论对于社会还是对于单个企业都是有益的。②

然而我们需要看到，虽然这种组织模式有种种组织优势，但这种组织模式有可能由于缺少国家的有效制度供给而无法带来预期的经济效果。

---

① 刘婷婷：《研究型合资企业在滨海新区发展战略研究——基于投融资路径多样化的视角》，《东南学术》2009 年第 7 期。

② 在正外部性存在的市场上，生产的社会成本通常小于私人成本，此时如果政府对企业研发给予补贴，供给曲线就会向右移动，进而使技术研发总量趋近于社会最优水平。

Stephen Martin（1994）指出，一定程度上的合作通常能使社会福利最大化，但是如果没有政府的进一步诱导，具有社会效益的 RJV 是不会自发产生的。Ulph（1999）指出，RJV 自身无法完全解决与研发相关的市场失灵问题，尤其是它无法解决投资不足的问题，即我们应该考虑政策工具的综合运用，例如补贴或对 RJV 的其他促进措施。

在这个阶段（第二阶段），国家的"决策能力"体现在对某种组织模式的理性分析和判断之上，即选择那些既能带来经济绩效，又亟须国家作为的组织模式。没有国家理性的制度支撑，这些组织模式对经济增长的作用可能很难得以发挥。

在选择制度支持的对象（组织模式）以后，国家还需要对这种组织模式的具体类型和运行机制进行比较和分析。不同学者的相关研究对国家的政策倾向和制度取向来说具有一定的参考价值。关于 RJV 的具体类型，Morton I. Kamien 等（1992）① 用博弈模型分析比较了四种模式：R&D 竞争、R&D 卡特尔（Cartels）、RJV 竞争和 RJV 卡特尔（如表 3 - 3 所示）。② 其理论分析表明，RJV 竞争是四种组织中最没有效率的一种，会带来最低的技术进步水平和最高的产品价格。而 RJV 卡特尔能带来最高的企业收益水平和最低的产品价格。参与 RJV 的成员需要协调它们的研发投入，并完全分享其研发成果。

表 3 - 3　四种研发组织模式的两阶段比较

模　式	第一阶段（研发）	第二阶段（生产）
R&D 竞争	企业竞争；每个企业决定对其自身的研发水平	企业竞争；企业可以从其他企业的研发中获得一些外溢。同时，企业生产的边际成本随企业自身的研发投入而降低

---

① Morton I. Kamien, Eitan Müller and Israel Zang. Research Joint Ventures and R&D Cartels. American Economic Review, 1992（82）：1293 - 1306.

② 分析 R&D 卡特尔、RJV 卡特尔的原因是合作最终可能会促使企业间在后期的产品开发阶段"合谋"，而不是市场体制下的竞争，这对于消费者而言（以及整个社会的福利产出）是非常不利的。

续表

模　式	第一阶段（研发）	第二阶段（生产）
R&D 卡特尔	企业协调自己的研发活动以期将总利润最大化	企业竞争；企业可以从其他企业的研发中获得一些外溢。同时，企业生产的边际成本随企业自身的研发投入而降低；外溢并没有因为卡特尔的形成而有所增加，进而重复研发没有被避免
RJV 竞争	企业竞争；每个企业决定对其自身的研发水平；企业完全分享研发成果、避免重复研发	企业竞争；企业生产的边际成本随行业的总研发投入而降低（外溢达到最高水平）
RJV 卡特尔	企业协调自己的研发活动以期将总利润最大化；企业完全分享研发成果、避免重复研发	企业竞争；企业生产的边际成本随行业的总研发投入而降低（外溢达到最高水平）

此外，Jiunn-Rong Chiou 和 Jin-Li Hu（2001）指出，企业可以通过建立环境 RJV 合作参与有关减少污染的创新。环境 RJV 不仅能带来环境效应，还会带来经济效应。他们讨论了 R&D 卡特尔（企业选择研发投入以将共同利润最大化）、RJV 竞争（企业分享研发成果以最大化其各自的利润）、RJV 卡特尔（企业分享研发成果并最大化其总利润）三类环境 RJV。具有很高外溢率的 RJV 卡特尔模式会使研发投入最大、总排放（Emission）最小、社会剩余最大。Ishii（2004）分析了两个纵向相关的双寡头垄断企业之间的合作研发效应，其研究结果表明，纵向 RJV 的形成会加速技术进步，无论其成员企业的研发决策是否经过协调。如果相关企业能协调其研发决策并且/或者充分分享有用的知识，那么纵向 RJV 卡特尔能产生最大的社会福利。

根据这些观点，RJV 卡特尔能带来最高的企业收益水平和最低的产品价格，使社会剩余最大化。参与 RJV 卡特尔的成员需要协调它们的研发投入，并完全分享其研发成果。这一结论无论对于 RJV 成员还是国家的制度设计者来说都有重要的参考意义。

对于 RJV 的运行机制，本书根据国内、国外的经验做出如下划分：

（1）从合作的结构（S）来看，可以分为三类：

[S1] 企业以提供资金为主，大学和/或非营利研究机构（包括国家实验室/研究所）主导研发。在这种情况下，政府通常要为 RJV 提供资金。否则，这种组织模式便与外包（Outsourcing）的运行方式类似。同时我们需要看到，这种 RJV 可以在一定程度上避免内部"搭便车"现象的产生。

[S2] 企业以提供资金和研究人员为主，大学和/或非营利研究机构以提供研究人员和非现金投入为主共建 RJV。

[S3] 完全（或几乎完全）是企业之间形成的 RJV。经验表明，这类 RJV 通常由多个企业组成，且以大企业为主。

（2）从实验室（L）的分布来看，主要可以分为两种：

[L1] RJV 成员共建一个新的实验室，并共同协调研发。

[L2] RJV 成员组建若干新的实验室或在各自原有的实验室进行独立研发，此时通常需要研究协会（Research Association）等机构定期组织各实验室对其研发成果进行交流和共享。

（3）从研究成果（R）的归属来看，主要可以分为两种：

[R1] 成果由政府所有，成员在使用研究成果时享受优先或优惠条件。在这种情况下，政府的资助金额通常较高（近 50%），而国家资助较多的领域通常是在研发成果可能给行业和社会带来重大影响的领域，其中有很多是政府发起的项目。

[R2] 成果由 RJV 或 RA（研究协会，Research Association）所有。在这种情况下，政府有可能出资，也可能不出资，以补贴、税收减免等其他形式代替。如果没有政府出资，研究成果通常由合作成员共同所有，而这类 RJV 在申请时更有可能受到《反垄断法》的质疑。

根据上述划分方法，多种不同的 RJV 运行模式得以形成。例如，一种 RJV 可以由企业、大学和研究机构等共建（[S2]），共同组建一个实验室协调研发活动（[L1]），国家为其提供50%的研究经费，研究成果由国家所有（[R1]）。另一种 RJV 也可能由若干企业组成（[S3]），分别建立几个实验室（[L2]），国家给予一定的补贴，成果由研究协会所有（[R2]）。对于多种不同的 RJV 模式，国家需要构建一个完善的制度框架，根据本国的实际情况，为适合于在本国发展的模式类型提供有效的制度保障。

从组织模式到具体类型再到运行机制，国家能力的约束表现在对各种有利于合作研发发展的模式、类型和机制的理性分析和判断之上，而这一能力的约束对于 RJV 的发展尤为重要。首先，RJV 在没有国家作用的前提下很难产生潜在的经济绩效。其次，RJV 的具体类型和运行机制纷繁复杂，这对国家行为提出了很高的标准。国家不应该盲目步入制度供给的阶段，或者说，国家易于在社会存在制度需求时盲目将某种制度供给作为一种"实验品"，并认为只要制定了措施，就能产生作用。这种制度供给可能填补了总制度框架下的某种缺失，但同时也有可能是"漫长"而无效的。而这种无效的制度网络一旦形成，时间、人力、资金等各类资源的浪费便成为了必然，这一结果在缺少有效的监督和评估机制的时候尤其严重。当国家意识到"实验"失败，想要重新打破这种制度的无效均衡、建立新的有效制度框架时，制度的惰性和已从旧制度中获益的利益集团为变革所带来的阻力通常会带来不小的成本。为了避免这种结果，国家应该在选择和决策时尽量降低制度试验失败的可能，在众多合作研发模式和 RJV 的具体运行机制中选择那些适合本国发展的类型，进而为下一步制度目标的实现确定正确的方向。

三、行动力和目标的实现

尽管技术变革的速率相当快，但由于已存在的利益集团所给予的政治上的支持，以及社会大众相对缓慢的过渡期，一些社会制度在短期内往往难以发生突变式的变革。将新范式与社会制度"成功匹配"的最终结果将取决于相关措施的透明度、强度、与可能产生矛盾的社会团体的谈判能力，以及各国在努力实现技术和经济领先地位的过程中进行的多种制度改革的试验与创新的经验总结。[①] 熊彼特曾经强调，组织创新与技术创新是相互依赖的，绝大多数经济和技术优势的建立都得益于管理组织和管理行为上的变化。许多还得益于更广泛的结构性和制度性变革，以及大规模的社会创新。

为促进某种合作研发模式的发展，国家需要充分发挥其行动能力和实现能力。这一过程的核心是制度构建。在这个过程中，国家对合作干预的

---

① 克里斯托夫·弗里曼：《技术政策与经济绩效：日本国家创新系统的经验》，张宇轩译，南京：东南大学出版社，2008 年版。

广度、深度和维度可以起到决定性的重要作用。"广度"指国家为合作研发提供制度支持的范围。"深度"指国家对范围内不同合作类型的干预程度。①"维度"指国家为合作研发制定具体措施的角度。如图3－2所示。

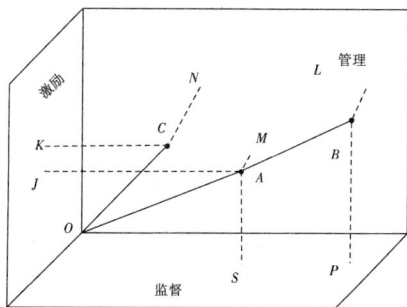

图 3 － 2　制度干预的广度、深度和维度

在如图3－2的三维空间中，OA、OB、OC代表国家对不同研发合作模式的制度干预矢量。制度干预的"广度"由矢量的数量代表；干预的"深度"由矢量的长度来表示，例如，"OA 的长度大于 OB"代表国家对OA 这种合作模式的干预程度（或者说是力度）比对 OB 更大。国家对研发合作的干预包括三个主要维度：激励、管理和监督。而这三个维度分别由 A 点到各平面的距离（垂距）表示，即分别由 AJ、AM 和 AS 的长度来表示。国家干预的"深度"与三个维度的力度之间是正相关的（因为 $OA^2 = AM^2 + AJ^2 + AS^2$）。不同合作模式的经济绩效需要国家从广度、深度和维度进行合理的差异性干预。

国家对合作研发的激励主要指国家通过有效的经济手段对特定合作模式进行激励，其目的主要是弥补市场失灵带来的无效。具体措施可以包括：设立特定的项目对 RJV 等合作模式进行资助；在特定合作模式的参与成员对合作研发成果进行开发和销售时，国家可以提供税收方面的优惠政策；国家可以为合作研发企业提供利息较低或无息的研发贷款。这些激励措施①可以有效促进合作研发动机不足的研发主体积极组建合作研发实体。与 OA 型合作模式来说，OC 型需要较小的激励就能达到同样的目标（假设

---

① 我们将在第五章对不同激励措施进行详细探讨。

AJ > CK）。而在不同国家，由于市场发育的情况和具体的国情，同一合作类型所需要的激励可能存在差异。

国家对合作研发的管理主要指国家通过一定的制度安排来对合作研发进行管理，其目的是使合作研发活动在制度的框架内有序进行、推动国家资助项目的顺利实施，以及对非资助类合作活动进行规范和统计。具体管理内容主要包括：为合作研发活动设立专门的管理和统计机构，负责合作项目的申请、审批、备案，以及常规管理；为合作研发活动提供有效的信息沟通平台。OB 型合作模式比 OA 型需要的管理行为更多（BL > AM），与现实中的模式相对照，OB 型可以代表受国家资助的合作研发模式，而 OA 型则可以代表仅由各研发主体共同投资的合作研发类型。当然，如果对 OA 和 OC 型进行比较，我们不难发现 OA 型比 OC 型需要的激励更小，同时却需要更多的管理。

国家对合作研发的监督主要指国家关注各种合作研发活动的运行和经济绩效。具体的监督内容包括：各种合作研发活动的运行是否存在不合理之处，其中包括资源浪费、效率低下等问题；合作研发活动的经济绩效；合作研发活动的反竞争效应。在发达国家，政府通常定期对合作研发活动进行审查，并请专业的评估公司对其进行评估。OB 型合作模式比 OA 型模式需要的监督力度更大（BP > AS）。

国家的制度构建是一个复杂的过程，在这个过程中，国家的行动力和实现能力得以体现。在市场和企业制度发育比较完善的国家，合作研发在更多情况下是一个自发的过程，国家重点需要实现的是规范和激励的作用，而市场机制可以通过利润等指标来及时反映一种经济体的效率。而对于市场发育不够完善的国家来说，简单的且仅具有规范性质的制度框架或是具有"实验"性质的、盲目的激励措施无疑是不够的。国家需要发挥其能力在激励、管理和监督方面起到更大的作用。其中，有效的管理和监督可以避免资源的浪费和机会主义行为的泛滥。为实现合作研发的效率，国家的制度目标不应该是简单的链接或资助，国家能力最终要体现在促进合作研发绩效的实现上。

四、反思与演化

如果合作研发活动没有达到预期的经济绩效，国家需要对其认知、选择和制度构建的各阶段行为进行反思。国家可以根据有关合作研发的综合统计数字对合作研发的绩效进行思考，找出导致制度失效的原因，并对其进行必要的修订。从国家行为的角度来看，可能导致合作研发低效的原因可能包括：合作研发活动的管理机构或资助项目繁多，职责交叉，运行效率低下；国家对合作研发的资助额度不适，激励"不足"或"过剩"使绩效不能实现或带来资源浪费；国家的制度设计没能很好地权衡合作与竞争之间的关系，使合作在一定程度上产生了反竞争效应，对价格机制的运行和社会福利产生消极影响；国家对其连接作用的关注过多，而对不同研发主体之间的协调与合作关注的不够；等等。除了上述几个方面的问题，国家需要根据具体情况对本国的合作研发情况进行详细的分析。其中可能存在的问题还包括：国家资助项目的资助时间是否合适、国家资助项目下的研究领域和内容是否需要调整、不接受国家资助的合作研发活动是否需要向国家相关部门申报并存档，[①] 等等。最终，合作研发组织将在国家的不断反思和调整中得以健康发展和演化。

---

① 申报和存档有利于国家对合作研发主体的反竞争效应进行监督。

第四章 研究型合资企业（RJV）发展的国际比较

当今，一个国家的经济发展愈加依赖于高新技术企业的发展程度，面对日益激烈的国际竞争和技术知识的持续迅速更新，高新技术企业独立进行研发的创新路径已经逐步被多元化的合作研发模式所取代。多家高新技术企业联合大学与研究机构共同合作可以降低研发成本、互补研发资源，在技术创新活动中取得资源、组织和政策等多层面的研发优势，提高高新技术企业的国际竞争力，为企业的可持续发展和国家技术创新体系的完善奠定基础。有鉴于此，世界各国纷纷采取措施不断构建和完善自身的技术创新体系，并为创新主体"高新技术企业"提供了优越的发展环境。其中，对 RJV 的支持是众多发达国家用以推动技术创新的重要手段。下文将对 RJV 的发展模式进行国际比较，并分析国家能力所起到的核心作用。

第一节 美国 RJV 的发展与国家能力的体现

美国经济学家指出，美国过去 50 年里 GDP 增长的一半应归功于技术创新，而企业是美国技术创新的中坚力量，也是 R&D 经费的主要提供者和使用者。美国研发投入的主要特点包括：大型企业的研发主体地位、高额的研发投入，以及企业、政府和大学在研发活动上的紧密合作。[①]

在日本的一系列重大经济措施的刺激下，20 世纪 80 年代，美国出现了明显的技术政策转移，并于 1984 年出台了国家联合研究法案（National

---

① 李丽青：《企业 R&D 投入与税收政策研究》，北京：中国言实出版社，2008 年版。

Cooperative Research Act），为美国企业技术联盟的发展提供了政策支持。美国第一个芯片行业的重大研究合作项目是半导体研究公司（Semiconductor Research Corporation，SRC），成立于 1982 年。在过去的 25 年里，SRC 的项目成员投资了 8.54 亿美元用于支持世界范围内 237 个国家的 6500 多学生和 1600 多员工在半导体尖端领域的研究，其研究项目和成员公司遍及全球，包括 IBM 和 Intel 等。

美国创新活动的主体包括企业、大学、联邦研究机构（如 NIH、HIST、联邦实验室等）、非营利性科研机构以及科技中介服务机构等。美国的大企业都设有科研机构。全美国设有研究与发展研究室的企业有上万家，其中，100 家大企业的研究工作量占整个工业界的绝大部分。这些大企业雇用了约 300 万名科技人员，占美国全国就业科技人员的 60% ~ 70%。其年科研资金投入量达 1000 多亿美元，占美国全国科研开支的 70%。美国的非营利研究机构主要是指各种私人非营利研究所或公司，既不隶属于任何政府部门，也不设在大学或由大学管辖，也不像工业企业那样以营利为目的。非营利研究机构中比较著名的有国际斯坦福研究所、德拉皮尔研究室、巴特尔研究所、兰德公司、米特公司等。美国的科技中介服务机构主要包括技术转让机构、咨询和评估机构、政策研究机构、风险投资公司等。①

一、美国 RJV 的发展模式

微电子与计算机技术公司（Microelectronics and Computer Technology Corporation，MCC）② 一度成为 RJV 的典范。MCC 成立于 1982 年，其首次董事会于 1983 年召开。该公司的成立实际上是私人部门应对 MITI 各种计划的一种战略。MCC 的目标不是发明特定的产品，而是通过形成研发联合体来汇集美国企业的领先技术资源对突破性技术进行研究，成员企业将成果带回各自的实验室并整合到其自己的生产线中。成员企业购买 MCC 的股份并选择加入四个计划中的一个或多个。这四个计划涉及七个主要的研究

---

① 孙福全、陈宝明、王文岩：《主要发达国家的产学研合作创新——基本经验及启示》，北京：经济管理出版社，2007 年版。

② MCC 已于 2004 年正式提出解散。

领域，其中包括软件技术、半导体包装、VLSI 计算机辅助设计、数据库管理等。成员的各种投入 3 年内不许撤出，MCC 的研究和管理人员由各成员指定，其启动资金预计每年 5000 万到 1 亿美元。最终有 20 多个企业共同组建了 MCC。各股东在董事会享有的权利是平等的。MCC 的股东可以在拥有 3 年的排他使用权后将技术许可给第三方，并获取一定利润，而成员的主要利润来源还是新技术的商业化收益部分。① MCC 享受 1984 - NCRA 中的反竞争豁免原则，是私人部门研发合作的典范。②

从 1985 年 1 月 1 日到 1995 年 12 月 31 日，美国共有 575 个 RJV 宣布成立，除了 1986 年和 1994 年，RJV 的数量均稳步增长。

先进技术计划（ATP）是根据 1988 年通过的《综合贸易与竞争力法》建立的，1990 年由老布什政府组织实施，而到克林顿当政期间则成为美国政府民用技术政策的一面旗帜。美国政府在《综合贸易与竞争力法》中明确描述了建立先进技术计划的目的，即向企业或企业与科研机构组成的研发联合体提供启动资金，进行高新技术的应用研究与产业化开发。

ATP 通过 RJV 来建立不同企业之间或小型供应商与用户之间的联系，约 85% 的 ATP 成员指出其项目成员包括企业、大学以及其他研究机构。这些合作项目的成员中，有 2/3 指出 ATP 对合作起到了重要作用，80% 以上认为合作可以带来以下优势：获得企业自身缺少的研发专业知识、加速产品进入市场、节约时间、激发创造性思维、鼓励未来的合作。③ 该项目的资助时间通常为 2～5 年，项目有严格的成本分摊规定，合资企业必须提供总项目成本一半以上的资本投入。ATP 尤其鼓励企业之间形成合作研发企

---

① Kathleen M. Buyers and David R. Palmer. The MCC: An Assessment from Market and Public Policy Perspectives. Administration & Society, 1989 (21): 101 - 127.

② 虽然 MCC 的绩效显著，但成员对其不满主要集中在"技术向股东的转移过程"。所有的企业都试图保护他们的专有信息。此外，一些企业指出，在与竞争对手合作、分享技术成果的同时还要保护商业秘密是很难的。

③ 还有成员认为，合作可以帮助企业判断消费者需求（占调查人数的 3/4）、确保可靠和高质量的供应来源并节省劳动力成本（约占 50%）、在研发阶段计划生产并且节省设备成本（高于40%）。此外，4/5 的成员认为研发合作的成本对其自身研发几乎没有延迟效应，90% 认为参与ATP 合作项目不会延迟其产品进入市场；也有 8% 的成员认为，项目合作和管理成本会使其总成本有很大程度上的提高。详见：ATP Collaboration and Related Results from the web site of ATP（Advanced Technology Program）。

业以进行大项目的开发，合资企业可以将 ATP 项目的研发成果迅速扩散到行业内部。

ATP 的项目根据企业的需求提出，一般来说，ATP 不直接支持大学、政府部门和非营利独立研究所，但是这些主体可以与企业联合参与项目的实施。ATP 所产生的知识产权归企业所有，这对企业来说十分有利。1991～2001 年，共有 581 个 ATP 项目获得批准，ATP 资助金额为 18 亿美元，产业界匹配金额为 18 亿美元。其中，有一多半项目包括一所或多所大学参与（成为项目的联合实施成员或承担子课题的研究）。全美国有超过 150 所大学和 25 个国家实验室参与了 ATP 项目。该计划中，小企业表现活跃，60% 的项目由小企业牵头。①

合作研究（CORE）数据库在国家科学基金会（National Science Foundation）的资助下创建。其资源基础是联邦公报公布的、在司法部备案的 RJV 信息。2003 年，共有 913 个 RJV 向司法部申请备案。图 4－1 给出了 1985 年以来每年的 RJV 数量，1995 年前后达到最高点，此后整体呈下降趋势。②

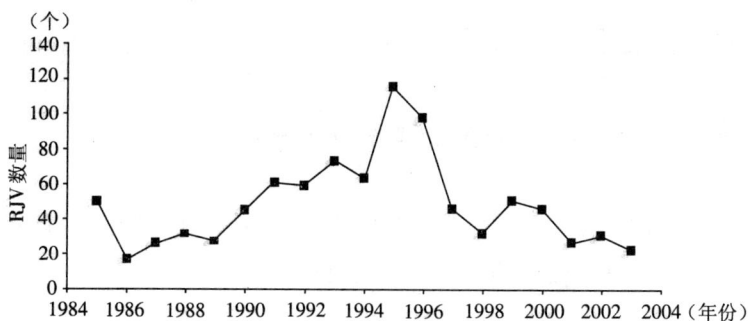

图 4－1　1985 年以来每年的 RJV 数量

如图 4－2 所示，包括美国联邦实验室作为成员的 RJV 比例有平缓上

---

① 樊春良：《全球化时代的科技政策》，北京：北京理工大学出版社，2005 年版。

② 下面列出的图 4－1 至图 4－8 转引自：A. N. Link. Research Joint Ventures in the United States：A Descriptive Analysis, in：Edwin Mansfield, Albert N. Link and F. M. Scherer, ed. Essays in Honor of Edwin Mansfield. New York：Springer, 2005：187－193.

升。图4-3表示包括美国大学作为研究成员的RJV比例。

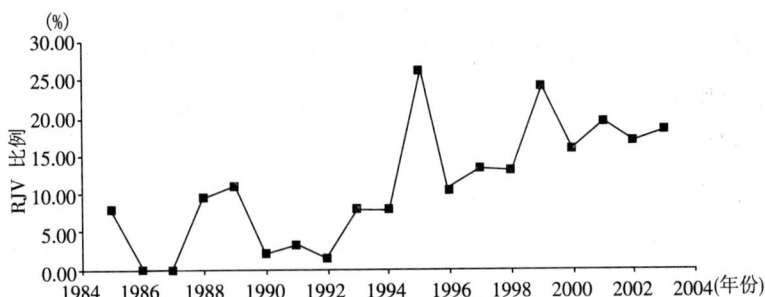

图4-2　包括美国联邦实验室作为成员的 RJV 比例

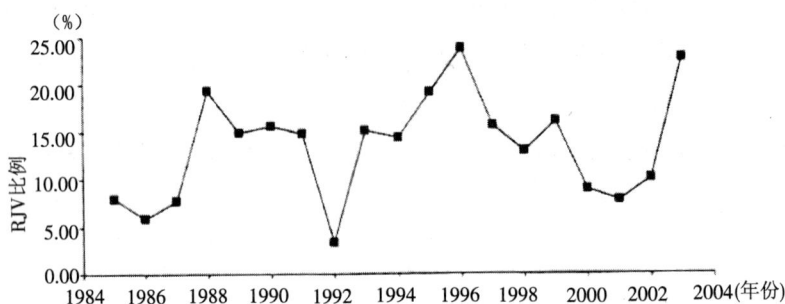

图4-3　包括美国大学作为研究成员的 RJV 比例

如图4-4所示，外资企业参与的 RJV 比例在这段时间里有所下降。与环境相关的 RJV 比例逐年降低，如图4-5所示。

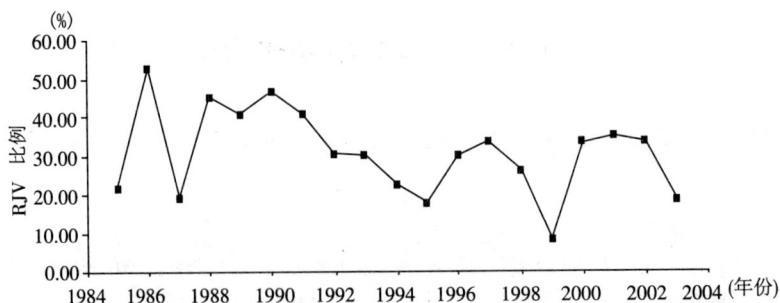

图4-4　外资企业参与的 RJV 比例

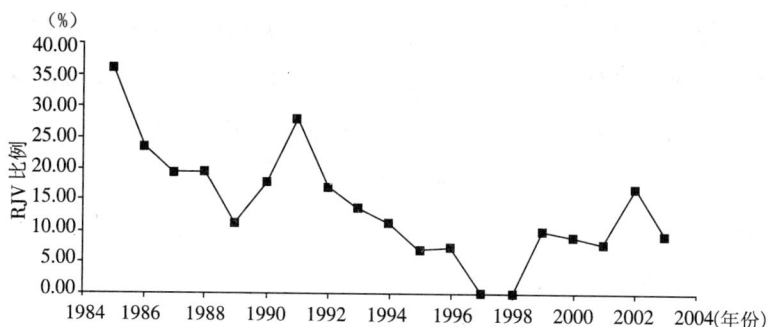

图 4 - 5 与环境相关的 RJV 比例

二、国家对 RJV 发展的影响

虽然美国一直对政府干预市场的经济管理方式持怀疑态度，但美国的技术进步与政府的政策法案之间却有紧密关联。美国的公共卫生政策对其在制药业和生物医学业取得的领先地位起到了巨大作用。同时，美国在半导体、计算机软硬件开发、生物技术以及互联网等领域取得的成就很大程度上都取决于美国政府对各类培训和研究的广泛支持以及对知识产权和许可协议的重视与规范。为了促进不同创新主体间的研发合作，美国自 1980 年便陆续出台了一系列技术法案，包括《贝—多法案》（Bayh - Dole Act of 1980①）、《史蒂文森—怀德勒技术创新法案》（Stevenson - Wydler Technology Innovation Act of 1980)② 以及《国家合作研究法案》（National Cooperative Research Act of 1984，NCRA）等。

20 世纪 80 年代以前，美国政府经费支持的研发成果依法归政府所有，非经核准不得使用，而产业界要想使用这些成果只能采取专属授权的方式，降低了产业界运用的意愿，因而长期以来，投入的这些巨额经费所得到的研发成果有许多无法顺利商业化。鉴于此，美国国会通过立法手段放松了这方面的限制，其突出举措即出台了《史蒂文森—怀德勒技术创新法

---

① 《贝—多法案》又称《专利和商标法修订案》（The Patent and Trademark Law Amendments Act），该法案针对联邦政府资助下的研究项目的知识产权问题，使得美国大学和小型企业对其发明拥有控制权。

② 该法案允许联邦实验室将技术转移给产业界，意在培育一个政府与工业合作的新时代，促进政府、工业和大学创新思维和活动的联合。

案》和《贝—多法案》。《贝—多法案》给予大学保留源自联邦资助研究的发明项目的所有权和许可转让权。但对大学来说，作为对该法案的回报，大学必须对发明申报专利并且同商业界合作以促使其拥有的发明得到商业化应用。在该法案之前，传播扩散联邦资助的研究成果的主要方式是学术出版物。出版物引用的证据表明，在学术研究公开发表到其产业应用之间的平均时间差有 20 年。[①]

20 世纪 80 年代早期，美国产业部门在全球市场上的竞争优势逐渐丧失。这一问题在 1983 年的《研究和开发合资企业法案》[②]（HR4043）中被明确提出。而《国家合作研究法案》（NCRA）出台之前，美国企业并不清楚政府将如何运用反垄断法的规则对他们的合作研究活动进行评估，含混不清的项目法律和法规使企业不愿参与到合作研究项目之中。NCRA 澄清了对研发合作的评估方式，是一项打破美国反垄断法传统惯例的重要举措，为那些在美国司法部和联邦贸易委员会注册过的 RJVs 提供法律保护和优惠待遇。[③] 1984 - NCRA 提出的注册程序，并先后在 1993 - NCRPA[④]和 2004 - SDOAA 中得到了扩展和详述。根据上述法案的规定，RJV 可以自愿向美国司法部（U. S. Department of Justice）说明研究意图，这些信息都将通过联邦公报（Federal Register）对外公布。在司法部注册后的 RJV 可以获得两个重要优势，对企业成员来说，可以称之为"更加安全的避风港"。①如果企业须承担刑事责任或民事责任，有关部门将依照合理原则（Rules of Reason）评价企业对社会福利的影响，进而对相关指控进行审判。②如果企业在合理原则分析后仍须承担责任，则按规定承担实际损失的赔偿，而不是 3 倍于实际损失的赔偿。NCRA 通过之时正是美国经历高贸易赤字、国内企业市场份额萎缩以及进入国外市场受挫之际，该法案以及随后的一系列法律法规有效提高了美国企业的研发效率，巩固了美国在

---

① 郑逢波：《合作创新激励研究》，北京：经济科学出版社，2008 年版。

② Research and Development Joint Venture Act of 1983, HR4043.

③ 美国政府规定，RJV 必须在美国司法部和联邦贸易委员会注册其合作研发活动以后才能获得国家合作研究法案的政策优惠。

④ The National Cooperative Research and Production Act（NCRPA）of 1993；The Standards Development Organization Advancement Act of 2004（SDOAA）.

世界经济中的地位。[①]

1986 年通过的《联邦技术转移法》(The Federal Technology Transfer Act) 对《史蒂文森—怀德勒技术创新法案》进行了修订，目标在于建立联邦实验室与企业进行研发合作的机制，比如，开放联邦实验室，允许联邦实验室与企业、大学、州政府进行合作研发；允许联邦实验室和企业就共同合作研发协议产生的专利所有权和许可权进一步达成协议；对参加联邦实验室合作研究的企业，无论规模大小，都可以享有成果权，从而调动了企业投资应用联邦实验室技术成果的积极性。1989 年颁布的《国家竞争力技术转移法》(National Competitiveness Technology Transfer Act) 允许承包人运作联邦实验室，并可以与大学和私营企业签署合作研发协议和其他合作协议。[②]

20 世纪 90 年代，美国进一步采取措施支持合作研发。1991 年《美国技术卓越法》(American Technology Preeminence Act) 允许知识产权在合作研发的参与方之间进行交换。NCRA 于 1993 年被修改为 NCRPA（National Cooperative Research and Production Act）用以保护各种合作研发以及相关的合作生产活动。修订以后的横向合并指南（Revisions to Horizontal Merger Guidelines，1997）也明确阐明将合并企业的效率问题作为反垄断评估的一个因素，如果合并企业能够证明合并后的效率效应大于市场势力效应，合并将获得批准以期降低价格和提高消费者福利。而事实上，RJV 恰恰可能在达到与合并同等效率作用的同时不产生合并可能带来的反竞争效应。[③]此外，联邦政府启动了 TRP（Technology Reinvestment Program）和 ATP（Advanced Technology Program）等研究项目以资助长期、高风险工业研究。

---

① 根据卡茨研究的 1985～1989 年在 NCRA 下注册的 RJV 情况，注册公司中已登记的合作项目从总体上说都处于更高集中度的行业，一种可能的解释是在高度集中的行业大型合资企业的反托拉斯曝光风险更高，因此他们更可能注册。例如，电信行业主要受 AT&T 分拆的影响注册企业所占比例最高，这表明他们对反托拉斯曝光的恐惧。详见：郑逢波：《合作创新激励研究》，北京：经济科学出版社，2008 年版。

② 王安宇：《合作研发组织学——组织模式、治理机制与公共政策》，北京：立信出版社，2007 年版。

③ Klaus Gugler and Ralph Siebert. Market Power Versus Efficiency Effects of Mergers and Research Joint Ventures；Evidence from the Semiconductor Industry. The Review of Economics and Statistics，2007 (89)：645－659.

ATP 为那些促进国民经济发展的高风险技术研发和应用提供支持。RJV 就是 ATP 资助的一种组织模式之一。此外，1997 年《联邦技术转让商业化法》和 2000 年的《技术转让商业化法》扩大了合作研发协议的授权权限，允许联邦实验室对签约之前所产生的联邦所属发明进行授权。

以上种种措施反映了当时的美国对其自身企业国际市场份额不断减少及其与世界其他国家技术差距缩小等状况的担忧。同时，日本实施的 VLSL 和 FGCS（第五代计算机系统）项目①使大多数西方国家猛然意识到了研发合作对提高高新技术产业竞争力的重要性。

美国的科技进步和 RJV 组织的不断发展与其实施的教育体制有着密切联系。1910～1940 年美国出台的一系列中央和地方政策使其成为第一个普及中学教育的国家。大学的研究所、政府资助的公共研究机构以及私人科研机构之间有效的紧密结合对美国取得信息技术方面的领先地位起了至关重要的作用。在对高等教育和基础研究的支持上，美国所采取的方法与欧洲许多国家不同。首先，美国的私立大学和公立大学混合的机制促进了大学之间的竞争，同时，政府给予优秀的私立大学以充分的财政预算自由，使其能够提供高薪待遇、建造先进的实验室以及保证高质量的教学水平，而这些又反过来吸引了许多世界各地的优秀教师和学生。其次，美国政府支持的研究项目都要经过严格审核，政府的支持目标倾向于那些拥有真正实力和充沛精力的年轻研究人员。相比之下，欧洲绝大部分大学和研究机构都采取倾向于公平分配的统一预算办法，对学术精英的激励不够，也很少对研究项目进行定期的严格审核。

三、美国国家能力的体现

美国 RJV 的发展从下面几个方面体现了其对国家能力的发挥：①美国通过一系列法案的制定为 RJV 的发展奠定了制度基础。我们不难发现，RJV 的研究领域在 20 世纪以半导体尖端领域为主，这与美国积极参与国际竞争密切相关，RJV 的发展动力很大程度上是源于经济发展的巨大压力。企业自身投入研发的动机并不低，甚至具有较强的合作研发动机，然而迫

---

① FGCS, The Fifth Generation Computer System Program，第五代计算机系统项目，由日本经济产业省（MITI）于 1982 年发起。

于美国较为严格的《反垄断法》的制约，很多具有研发能力的企业没有合法的合作平台。美国1984年出台的NCRA为其RJV的发展奠定了基础。NCRA从制度上消除了企业的顾虑，大大促进了RJV的发展。美国是崇尚发展自由市场经济的"先锋"，但其政府对技术进步的关注可以说是不遗余力的，尤其是在半导体、计算机软硬件开发、生物技术以及互联网领域。国家相继出台了一系列促进技术创新与合作的法案，这也是美国促进RJV发展的一个典型特征。《史蒂文森—怀德勒技术创新法案》和《贝—多法案》的出台突出体现了国家的实现能力和反思能力，这些能力赋予政策以充分的灵活性，即使适应了经济发展的需求。②美国的"国家实现能力"突出体现在促进RJV发展的项目设计和具体的制度设计上。20世纪90年代以来，美国在继续对相关法案进行修改和完善的同时，启动了TRP和ATP等研究项目以推动合作研发的发展。ATP项目下的RJV有效建立了不同企业之间（或小型供应商与用户之间）的合作，资助时间在2~5年，企业承担不低于一半的资本投入。ATP尤其鼓励企业之间形成合作研发企业以进行大项目的开发，合资企业可以将ATP项目的研发成果迅速扩散到行业内部。ATP通常不会直接支持不含企业的RJV，且知识产权归企业所有。从配套的制度安排来看，美国RJV需要在司法部注册后才能获得相应的保护。同时，与创新相关的各种机构较为完善，其中包括非营利研究机构、咨询和评估机构、政策研究机构、风险投资公司等。

第二节　日本RJV的发展与国家能力的体现

日本成功的国家创新体系使其在过去的50多年里从一个经济几近瘫痪的战败国发展成为在世界经济中占主要地位、并在许多高新技术行业与制造业具有领先优势的经济大国。其对研发的重视程度和对技术的利用方式均为众多发达国家所效仿。私人部门对技术研发持续不断的高额投资、政府和企业对知识产权的重视、企业对专门技术人员的培训和有效利用以及社会对团队精神的崇尚等因素都为日本技术的迅猛发展奠定了基础。① 战后初期，在激烈的辩论之后，日本明确放弃了基于传统竞争优势论的发展战略。这一战略的支持者以日本银行的学者和支持"自由贸易论"的古典经济学家为主，他们提倡日本根据其相对优势来发展经济。这种观点具有一定的影响力，然而日本的官僚和他们在通产省的顾问具有最终话语权。这些顾问从动态的角度思考问题，并试图建立一种新的经济结构以提高经济的有效供给能力。与西欧和北美的同类部门相比，日本的通产省那时就已经将制定长期技术政策的行为纳入自己的职责范围内了。日本国家创新体系的一个显著特点就是形成了独具特色的产、学、官相结合的研究开发体制，即以民间企业为主并以大学和政府为辅的产、学、官三方合作进行的研究开发和技术创新体制。② 日本的自然资源极其稀缺，该国只能生产其本国所需石油产品的 0.3%、能源需求的 15% 和最小食品需求的 75%。在过去的 20 年里，对技术研发的应用是提高日本企业和工业竞争优势的重要源泉。政府为了提高稀缺资源的开发收益率而制定政策促进合作研发项目的开展。③ 日本长期以来已经形成了一种合作型经济环境。

一、日本 RJV 的发展模式——以 VLSI 为例

经济产业省（METI，原 MITI）制定了一系列政策鼓励企业之间的合作研发计划。合作研究联盟是日本政府用以资助特定技术发展的重要途径。这种途经可以避免对某一公司的过度偏向和由此可能产生的"寻租"行为，同时还能使管理费用最小化。METI 在电子行业开创的合作研究联盟使日本在计算机主机生产和大规模集成电路领域中获得了巨大成功。20世纪 90 年代，日本占据了 RAM 存储器以及其他一些半导体集成电路的主要市场，这主要归功于经济产业省在 1976 实施的 VLSI（Very Large Scale Integrated Circuit，大规模集成电路）计划。

20 世纪 70 年代中期，日本的微电子产品在世界市场几乎没有竞争力，

---

① 本·斯泰尔、戴维·维克托、理查德·内尔森：《技术创新与经济绩效》，上海：上海人民出版社，2005 年版。

② 据统计，2004 年大学和民间企业联合研究突破 1 万件，比上一年度增加 16%。

③ A. N. Link and G. Tassey. Strategies for Technology-Based Competition：Meeting the New Global Challenge. Lexington，MA：Lexington Books. 1987.

在超大规模集成电路制造方面也处于明显的落后状况，但是在 70 年代末期，日本几乎与美国同时推出了 64K DRAM，并且开始迅速向美国市场渗透。为了占领更多的市场份额，日本企业发起了降价促销，使 DRAM 市场的价格迅速下降。以 64K DRAM 为例，一年之中，价格从 28 美元降到 6 美元，引发了世界半导体市场的剧烈震荡，美国企业面临着直接的冲击，到 1986 年，日本存储器产品的世界市场占有率上升到 65%，而美国则降低到 30%，面对日本企业的低价倾销，英特尔和多家半导体公司联合推动政府制定了 1986 年的美日半导体贸易协定，这对后来的世界微电子产业的发展产生了很大的影响。VLSI 的成果使日本在设备国产化上跨出相当大的一步，成为世界最大的半导体生产国。此优势一直保持到 1992 年才被美国生产设备商超过。美国企业通过 SEMATCH 产业联盟联合研发新技术，重新获得了全球领先地位。VLSI 项目从 1976 年 3 月开始实施，1979 年结束。整个项目耗资 737 亿日元，政府出资 41.6%，产业界出资 58.4%，由政府以无息贷款给厂商，直到技术被开发、商业化及获得利润为止。通过 4 年的合作，VLSI 研究协会共申请了 1000 项专利，其中 600 项取得了专利权。[①]

1. VLSI 的组织特征和运行模式

VLSI 联合体（1976～1979）通常被视为日本最成功的合作企业，是在日本政府的发动和主导下形成的，其目标是开发高级半导体技术。1975 年 7 月 5 日，日本政府与日本主要计算机公司联合签署组成了超大规模集成电路（VLSI）研究协会的协议，联盟成员主要是日本本国的企业和科研院所。VLSI 联合体的组织载体是一个工程研究协会（Engineering Research Association，ERA），由联合体的五个企业成员组成。日本的 ERA 体系正式成立于 1961 年，是政府分配研发补贴的重要途径。[②] ERA 为具体项目而组织建立，通常在项目完成以后解体，且不受反垄断法的监管，是合作创新的决策、协调、和监督机构。VLSI 的 ERA 像大多数 ERA 一样按照津贴贷

① 陈小洪：《产业联盟与创新》，北京：经济科学出版社，2007 年版。

② Levy, D. Jonah and Richard J. Samuels. Institutions and Innovation: Research Collaborations as Technology Strategy in Japan. Working Paper MITJSTP 89 – 102. MIT Department of Political Science, Japan Program. 1989.

款方案接受政府的资助。政府提供全部资金的 40%～60%。这些贷款没有利息，但要用 ERA 开发的技术项目收益来进行偿还。

ERA 以由成员企业派出人员组成的 VLSI 联合研究所为法人实体而运行。其成员包括：通产省工业技术院的电子技术实验室（EFLO）；NEC（日本电气）、日立、三菱、富士通和东芝五家日本最大的计算机公司。所有这些企业都曾经参与过 MITI 资助的其他研究项目，彼此也在与电脑相关的领域有过研究合作；两个先前成立的公司联合研究机构，即日立、三菱、富士通联合建立的 CDL，以及 NEC 和东芝联合建立的 NTIS。后期几乎所有的日本大型半导体制造商都参与了这个项目。

VLSI 联合体建立之初，成员企业对自身专有知识信息的泄露和市场战略地位的下降均有所担心。为了解决这些问题，联合体从组织结构上根据研发项目离商业化应用的差距对这些研发项目进行了划分。距离商业化最远的（竞争前）研究在新建立的 VLSI 联合实验室①里共同完成，比较接近商业化的研究在两个现有的合作实验室中完成，② 实际产品的开发（如芯片设计）由单个企业完成。③ 按照参与开发研制的公司达成的协议，专利收入首先要用于偿还政府的补贴，但每项专利的长期权仍属于负责开发的公司。企业成员派遣其最优秀的工程师参与该计划，他们并肩在同一研究所内共同工作，饮食喝酒也在一起。派遣的技术人员最初因为企业的樊篱，无法建立良好的工作关系，后来因为领导人协调成功并将研究定位于共同技术的开发而最终放弃了对产品开发的顾虑，同心协力，并获得了成功。④

2. VLSI 成功的原因

Sigurdson（1986）分析了 1971 年以来 MITI 和日本企业开展的 18 个项目，结果表明日本成功的联合研发项目具有以下特征：①研发目标界定细致清晰，即使该目标处于产品研发的上游阶段（即"竞争前"）。②由少数

---

① 联合实验室是一个重要创新。早期日本计算机行业的合作以及其他行业中 ERA 的研究项目都是由企业自身完成，然后再与其他成员分享成果。联合实验室阻断了成员不希望发生的技术转移。

② 富士通—日立—三菱系统的计算机组合研究所（CDL）和日电—东芝系统的日电东芝情报系统（NTIS）。

③ 大多数应用工作是在成员企业的私人实验室完成的。企业为了获得补贴同意 ERA 持有这些研发成果的专利权，进而五家公司有平等使用研究结果的权利。详见：Sigurdson（1986）。

④ 郑逢波：《合作创新激励研究》，北京：经济科学出版社，2008 年版。

几个企业组成的研究协会所预期的成员共有威胁比利益冲突更重要。③特设的联合实验室。该联合实验室的基地与成员企业的实验室不同。VLSI 计划的成功与下面几个因素有重要关联：①MITI 对项目的引导。MITI 官员不仅参与了前期计划，还从 MITI 的电子技术实验室派出科学家直接参与项目。计划的日常管理由 MITI 实验室的一个资深工程师和 MITI 的前高级官员负责，他们对 MITI 与联合体成员之间的顺利合作起到了重要作用。为了选择合作企业，MITI 会向工业协会、研究协会、相关行业大中型企业的高层管理者和研究员以及顶尖级科学家进行广泛咨询。MITI 选择的企业要有足够强的研究能力，且规模足够大（足以与 MITI 的项目支持相匹配，并且足以能够有效利用合作研究的成果）。②明确的研发任务。明确研发任务意味着纵向商业链条上的经济主体也相应明确了，① 这有利于技术的进一步开发和应用。③研发任务的分工。由于研发任务的明确分工和管理，企业成员之间的"搭便车"现象并不显著。虽然 RJV 有可能因为减少了对研究路径的开发而降低研发成功的几率，② 但在成功的 VLSI 计划中，MITI 指定了不同团队同时对解决问题的不同办法进行研究。如果没有联盟带来的协作效应，这种多角度研究是无法实现的。③ 以上这些特征使大规模联合体中的成员获得了紧密的协同绩效，而与此同时又没有产生显著的"搭便车"现象和重要专有信息的不可控外溢。

二、日本 RJV 发展的制度激励

在日本，通产省是体现国家能力的典型行为主体。很显然，日本的成功大部分要归功于众多日本企业对于技术变迁的管理方式，但这种成功与社会及制度性变革所带来的促进作用也不无关系，而这些变革有时正是由通产省首先发起的，特别是在实现某些长期战略目标时。通产省的国际贸易管理署署长在他

---

① Katz L. Michael and Ordover A. Janusz R&D Cooperation and Competition. Brookings Papers on Economic Activity：Microeconomics，1990.

② L. J. White. Clearing the Legal Path to Cooperative Research. Technology Review, 1985 (88)：39 – 44.

③ K. Sakakibara. From Imitation to Innovation：The Very Large Scale Integrated (VLSI) Semiconductor Project in Japan. Working Paper, No. 1490, Sloan School of Management, M. I. T. , Cambridge, MA. 1983.

的演讲"日本产业政策的特点"中对通产省的目标做了很好的总结：①

"日本在产业政策上的基本理念是自由竞争的市场原则。所以我们将精力集中在如何开发出一套行之有效的措施来激发作为主体的个人及公司的独创性和活力，以确保市场机制产生最大效率。但也存在着一些无法依靠单个公司或市场机制能有效得到解决的问题……从长期的动态观点来看，如何达到资源的最优配置，同样也无法单靠市场机制来解决。这些都是产业政策应该而且必须发挥重要作用的领域。"

从来没有一个国家像日本这样，整个社会的金融机构、银行乃至财政部共同对技术和社会变革的未来方向给予如此多的关注。正如 Irvine 和 Martin（1984）所强调的，这已经大大超出了纯粹的"自上而下"（Top - Down）的社会活动范畴。

日本的决策者们在较早地意识到信息技术重要性的同时，便提出了建立"知识密集型"经济的目标。而石油危机加速了日本政府和企业的决策进程。在 1957 年之前，日本政府又颁布了一系列法令，给予通产省充分的权力以促进电子产业的发展。当时尚属发展优质产业的电子计算机制造商除了在研发资金方面得到额外补助外，还得到了日本发展银行的专项贷款，并从越来越多的税收优惠政策中获益良多。尽管这些补助的总数并不大，但这类措施的真正意义在于其表明通产省已经开始通过各种政策来鼓励国内电子计算机产业的发展。在 20 世纪 60 ~ 70 年代，政府采用了一系列措施以促进电子计算机和半导体产业的迅速发展。其中包括大量合作研究项目，而对象囊括了几乎所有产业中的支柱企业。②

1. 日本促进合作研发的相关政策和法规

日本合作研发活动的发展与政府的积极作用有密切联系。早在 1947 年，日本便制定了《反垄断法》，对产业联盟进行监管，但是日本公平交易委员会（JFTC）③却对产业联盟采取了相对宽松的态度。为了推动产业界的合作研发，日本于 1961 年制定了《工矿业技术研究组合法》，赋予

① ② 克里斯托夫·弗里曼：《技术政策与经济绩效：日本国家创新系统的经验》，张宇轩译，南京：东南大学出版社，2008 年版。

③ 日本公平交易委员会（Japan Fair Trade Commission，JFTC）是落实日本反垄断法案以及相关法律的行政管理机构。

"技术研究组合"法人地位。同时，政府在联盟运行过程中发挥了监督作用。政府通过聘请独立的专家对联盟进行评估，对联盟的运行进行监督，政府不干涉联盟的运行。[①] 根据该法规定，企业可以为某一研究课题共同提供研究人员和资金等，以组成非营利性研发合作联盟。研究主题和研究计划首先由大学、国家实验室、产业促进组织等机构的专家提出，经通产省[②]（现经济产业省）确定后选择最合适的联盟成员（通常是相互竞争的企业）。此后，政府通常以资金形式诱导目标企业参与联盟。通产省常常直接对选定企业进行动员，同时也不排除向个别大企业施加压力。在联盟形成阶段，通产省的主要作用是确保联盟获得充裕的研发资源，为联盟的成功组建与发展打下基础。在联盟的运行阶段，通产省不进行直接干预，而是聘请大学和研究机构作为独立第三方对联盟的运行进行评估，监督和阻止个别企业的投机行为。另外，通产省还要积极与政府其他部门协调以保证政府资金的持续稳定供应。20 世纪 90 年代，日本政府逐渐认识到信息与生物技术的落后意味着国家创新能力的衰退，并于 1995 年通过了《科学技术基本法》以鼓励产业界、学术机构和政府研究机构之间继续加强合作。政府支持企业在重大技术研究与开发项目上建立联合开发组织，并为这种联合组织提供优惠政策，同时积极推动大学进行改革，激发学生的创造力，提高政府与产业关系的灵活性。1997 年日本放宽了对国立、公立大学教师到企业兼职的法律限制。并在 1998 年 4 月通过了类似美国《贝—多法案》的法律政策以促进行业与大学之间的合作。[③]

2. 日本政府对合作研发的资助

日本的研发联盟中有一部分接受了政府的补贴，降低了研发成本。

---

① 陈小洪：《产业联盟与创新》，北京：经济科学出版社，2007 年版。

② 通产省（Ministry of International Trade and Industry，MITI，即通商产业部）已于 2001 年转变为经济产业省（Ministry of Economy，Trade and Industry，METI）。

③ 造成日本大学研究过渡依赖于私人部门资助以及大学研究过渡偏向应用领域的原因主要是缺乏相应的专利权和许可权方面的有效保护机制，以使大学能够从基础研究中获得收入，并使公司和大学能够更好地进行合作。而这类能够带来利润的专利登记制度和合作关系在美国是非常普遍的，尤其是在 1983 年 Bayh – Dole 法案通过之后，大学的专利许可费进一步降低，并且允许大学继续保有在政府委托研究项目上取得的成果的专利权。在经过许多讨论之后，日本在 1998 年 4 月也颁布了这样的一部法案，以促进行业与大学之间的合作。

1961 年，MITI 成立了日本电子计算机公司。① 该公司实际上是一个合资企业，受到日本发展银行的大量资助，政府为合作研发项目提供专门的资金。此外，日本还通过 AIST 为合作研发联盟提供资助。② 日本政府通过两个主要途径为研发提供政府资金。第一种途径是完全由政府资助的项目。当政府出资研发时，研发成果也是政府的资产，所有相关专利属于政府。这些专利通常以收取一定许可费的形式向外许可。研发本身通常由国家研究实验室或私人研究协会完成。对于前者来说，一部分政府研发项目由MITI 的一个部门 AIST③ 管理的实验室完成。对于后者来说，政府接受私人研究协会的研发项目申请。申请通过之后，政府以委托费的形式对项目进行资助。像国家研究实验室进行的研究一样，私人研究协会进行的研发获得的专利也属于 MITI。然而，MITI 规定这些专利是非独占的（Nondiscriminatory），只要企业愿意支付费用，MITI 就可以将专利向外许可。第二种途径是有条件贷款（津贴贷款）。如果贷款的企业在 7 年内没有从研发成果中获得任何利润，那么企业可以不必偿付该贷款。1983 年以前，有条件贷款最多可以为特殊研发项目提供一半的资金。这 7 年贷款期间，政府通常不向企业收取利息。企业有权就研发成果申请专利和向外许可，典型的例子是 VLSI 半导体研究项目。这种有条件贷款可以有效降低长期研发项目的相关风险。此外，日本为私人企业研发提供资金的一种更加有效的方法是直接拨款和补贴。1998 年，通产省（MITI）补贴 22 亿日元支持合作研发，同时成立多种机构以促进技术的转移和扩散。然而，我们需要注意到的是，虽然 MITI 主管日本的研发活动，但是日本政府实际上在总研发投入中的投入与欧美国家相比并不很高，对企业研发活动的资助比例很小，日本的研发资金主要来自企业而不是来自政府。

日本教育体制的优点对其创新体系的构建和技术经济的发展也起到了不可替代的作用。日本的教育体制和公司内部的人力资源管理都倾向于培养通

---

① The Japan Electronic Computer Corporation，包括 Fujitsu，Hitachi，Mitsubishi，Oki，Toshiba，NEC，Matsushita。

② M. J. Peck. Joint R&D：The Case of Microelectronics & Computer Technology Corporation. Research Policy，1986：219 – 231.

③ Agency for Industrial Science and Technology.

才，同时，"重视细节"和"把想法变为现实"是备受推崇的儒家理念。日本的高等教育强调创新能力的培养，学校按教育目标来设计课程、选择教材和确定教学方法，并鼓励学生参加各项创新意识竞赛，激发学生的创新精神和实践能力。从 1980 年起，日本的教育经费便跃居世界第二。到 20 世纪 90 年代中期，日本每万人平均科技人员的数量在主要发达国家中高居首位，科技创新能力也显著提高。①日本在教育机会提供的广泛性上已经与苏联和美国一起居世界领先水平。大公司中的教育和培训系统所提供的再教育机会也成为社会教育的有力补充。日本的产业培训体系最大的特殊性体现在产品和流程创新的紧密结合上，其目的就是使受训者通晓由于技术变革可能产生的种种影响和问题，并让他们了解企业中不同运作环节之间的联系。②

三、日本国家能力的体现

日本很早就对技术创新的重要性有了理性"认知"，美国和欧洲国家对合作研发的"认知"也在很大程度上源于日本对其合作研发的作为。日本的"认知"能力与其他国家的"认知"有所不同，是一种初始判断力和预期，而不是对其他国家行为的反映。日本国家创新体系的一个显著特点就是形成了独具特色的产、学、官相结合的研究开发体制，即以民间企业为主导并以大学和政府为辅的产、学、官三方合作进行的研究开发和技术创新体制。日本的 RJV 以 VLSI 联合体最为典型。其具体运作尤其体现了日本的"实现能力"。①VLSI 不同实验室的划分依据是研发内容离商业化的差距，其对研发目标界定得十分详细，这在很大程度上提高了研发的效率。②MITI 对项目进行有选择的合理干预。MITI 官员不仅参与 ERA 的前期计划，还从 MITI 实验室派出专家直接参与项目。MITI 选择的企业都有很强的研究能力和规模。但在联盟的运行阶段，通产省不进行直接干预，而是聘请大学和研究机构作为独立第三方对联盟的运行进行评估，监督和阻止个别企业的投机行为。③日本无论从关注和参与技术创新的主体（包

---

① 刘婷婷：《研究型合资企业（RJV）的国际发展路径及其政策启示》，《商业研究》2009 年第 9 期。

② 克里斯托夫·弗里曼：《技术政策与经济绩效：日本国家创新系统的经验》，张宇轩译，南京：东南大学出版社，2008 年版。

括金融机构、银行等）到对研发合作体相对宽松的态度均表明日本国家能力的强大，该国可以为实现某一个确定的目标而调动各种经济力量和政治力量。④有条件贷款是日本对研发合作体的一种特殊资助方式。贷款期间，政府通常不向企业收取利息。

第三节 欧洲 RJV 的发展与国家能力的体现

在欧洲，欧盟竞争法为 RJV 提供了相应的豁免，欧盟还启动了一系列框架项目并投资数十亿欧元用以资助 RJV 的形成和发展。欧洲信息技术研发战略计划（European Strategic Program of Research and Development in Information Technology，ESPRIT）和欧洲研究协调机构（European Research Coordinating Agency，EURECA①）均为经合组织国家为促进技术合作所做出的实质性努力。

一、欧洲 RJV 的发展特征

1984 年，欧共体（European Community）为促进"研究和技术开发"②活动启动了第一个框架项目（Framework Programme）。此后，框架项目始终影响着欧盟研发政策的目标、内容和组织形态。欧盟对研究领域的主要影响途径是通过研究型合资企业（RJV）的发展推动成本分摊型合同研究（Shared – cost Contractual Research）。③同时，欧洲各国将 EUREKA 作为框架项目的补充机制，用以支持 RJV 进行下游开发研究（Downstream Development Research）。此外，欧洲国家还纷纷建立各自的国家项目用来支持工业合作研发。

欧盟参与研发合作的历史可以追溯到《罗马条约》（The Treaty of Rome，1957）。《条约》决定建立联合研发中心（Joint Research Centre，

---

① EURECA，即"尤里卡计划"，"尤里卡"一词源于古希腊语，有"找到"、"发现"之意。

② 这里的"研究与技术开发"（Research and Technological Development，RTD），即欧盟委员会对研发（R&D）的表述方式。

③ N. S. Vonortas. Cooperation in Research and Development. Boston，MA；Dordrecht，Netherlands：Kluwer Academic Publishers，1997：11.

JRC），并对成员国内的组织进行研发资助。① 20 世纪 80 年代早期，欧洲各国开始意识到自身企业在创新和全球市场份额方面（尤其是 IT 行业）与美国和日本的差距。1984 年，欧洲战略研发框架项目（ESPRIT - 1）② 成立。这个重要的信息技术与通信项目最初是在行业里重要的竞争企业之间形成的。③ 该项目不断扩大并逐渐囊括了众多技术领域的多样化合作研发项目。每轮框架项目的持续时间为 4 年，立足于将企业、大学和研究机构之间的研发合作变成欧洲科技体系的基本特征。自 1984 年至今，已有 6 轮框架项目已经完成，④ 目前，第 7 轮框架项目（The Seventh Framework Programme for Research and Technological Development，FP7）正在运行当中（2007 ~ 2013）。FWPs 的核心目标是汇集不同欧洲国家企业、大学和研究实验室的多样化互补技术能力以追求共同的技术目标。⑤ 对于前 5 轮 FWPs，欧委会的 RTD（Research and Technological Development）政策通过三个途径实现：成本分摊型合同研究、⑥ 协调行动以及委员会自身的研究，其总预算分配如表 4 - 1。委员会为企业提供合作研究成本的 50%，而大学和与其他研究机构可以选择接受项目边际成本或附加成本的 100%。⑦

表 4 - 1　预算分配表（FWP1 - FWP5）

FWPs	1984 ~ 1987 年	1987 ~ 1991 年	1990 ~ 1994 年	1994 ~ 1998 年	1998 ~ 2002 年
总预算（百万欧洲货币单位）	3750	5396	6600	12300	14960

---

① Y. Caloghirou, N. S. Vonortas and S. Ioannides. Science and Technology Policy towards Research Joint Ventures. Science and Public Policy, 2002（29）：82 - 94.

② ESPRIT - 1，全称为 The European Strategic Programme of Research in Information Technologies 1，首轮欧洲战略研发框架项目。

③ J. Peterson and M. Sharp . Technology Policy in the European Union. New York：St. Martin's Press，1998.

④ 1984 ~ 1987 年，1987 ~ 1991 年，1990 ~ 1994 年，1994 ~ 1998 年，1998 ~ 2002 年，2002 ~ 2006 年。

⑤ J. Peterson and M. Sharp. Technology Policy in the European Union. New York：St. Martin's Press，1998.

⑥ 成本分摊型合同研究指跨国合作研究联盟。这些联盟由企业、研究机构和大学组成，主要从事竞争前技术的研发。

⑦ Yannis Caloghirou, Nicholas S. Vonortas and Stavros Ioannides, eds. European Collaboration in Research and Development. Edward Elgar Publishing Inc. , 2004：38.

除了 FWPs，欧盟还支持成立其他的欧洲组织。1985 年 17 个国家与欧委会共同发起建立了 EUREKA。EUREKA 是一个工业研发网络，不同欧洲国家的工业、研究组织与欧委会可以共同研发技术，进而通过促进以市场为导向的合作研发来提高欧洲的竞争力。EUREKA 目前由 39 个成员组成（包括 38 个成员国和欧盟），其项目标准包括：以市场为导向的高科技研发项目；至少包括两个 EUREKA 成员国的合作伙伴；目标在于开发先进民用产品、加工程序及或服务；由合作伙伴出资，并获得国家级政府资助。[1]

STEP to RJVs 数据总库中包括两个重要的分数据库，即 EU – RJV 和 EUREKA – RJV。EU – RJV 数据库着眼于欧洲框架项目（The European Framework Programmes），其建立的基础是欧盟的官方数据源 CORDIS（Community Research and Development Information Service）。EU – RJV 数据库收录的样本必须是新技术知识研发的项目。同时，相应 RJV 中必须至少包括一个企业成员。[2] 共有 64 个项目（9335 个 RJV[3]）符合标准，包括所有欧盟用来促进合作研究的重要项目。[4] EUREKA – RJV 数据库包括1985 ~ 1996 年带有 EUREKA 标志（EUREKA Label）的所有 RJV，其基本信息来源是 EUREKA 网站。该数据库包括 1031 个 RJV。[5]

1. EU – RJV 数据库与比较分析

1983 年，ESPRIT – 1 项目下成立的 9 个 RJV 标志着框架项目（FWP1）的正式启动，图 4 – 6 显示了 EU – RJV 数据库（1983 ~ 1998）中 RJV 在各年的分布比率。1996 ~ 1998 年，由于 BRITE/EURAM – 3 和 ESPRIT – 4 等大型项目的启动，欧洲 RJV 的数量有显著增长。

---

① EUREKA Secretariat 1993.

② 从而该数据库样本不包括大学与研究中心之间的合作，也不包括那些由于信息不足而无法确认为企业的联盟组织。

③ 来自 51 个国家的 20499 个组织至少一次参与了此 9335 个 RJV，总成员身份（Membership）数为 65476 个。

④ 截至 2004 年，EU – RJV 数据库中包括 FWP1 中的项目 10 个、FWP2 中 24 个、FWP3 中 18 个、FWP4 中 12 个。

⑤ 包括来自 36 个国家的 4261 个实体，成员身份 6233 个。

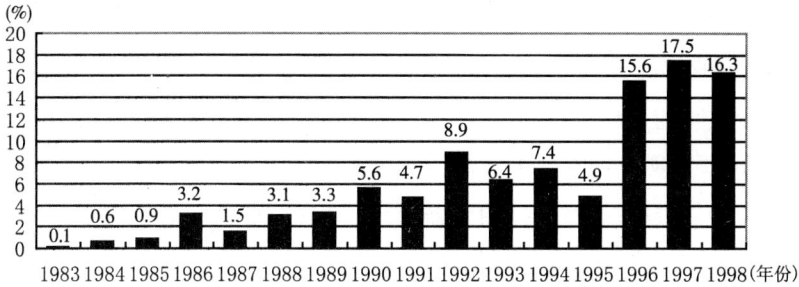

图 4-6　欧洲 RJV 数量分布（基于启动日期）

在这 16 年中，RJV 的研发领域主要集中在五个方面：信息处理/信息系统（3118 个 RJV，占 12.85%）、材料（2726 个 RJV，占 11.23%）、工业制造（2664 个 RJV，占 10.98%）、航空航天技术（2417 个 RJV，占 9.96%），以及电子/微电子（2309 个 RJV，占 9.51%）。此外，电信（1051 个 RJV，4.33%）和可再生能源（1040 个 RJV，4.29%）领域的 RJV 也占有一定比例，而相比之下生物技术等领域所占的比例很低[①]（3% 以下）。

这些 RJV 样本的平均期限为 31 个月，约 17% 超过 3 年，可视为长期。8.5% 在 1 年以下，可视为短期。RJV 成员数量的比率如图 4-7 所示：44% 的 EU-RJV 成员数目不超过 5 个，86% 不超过 10 个。然而根据逐年相应数据的变动趋势，由 6～10 个成员组成的 RJV 数量呈上升趋势，而产生这种状况的一个因素是参与成员多的 RJV 得到欧盟资助的可能性更大。[②]

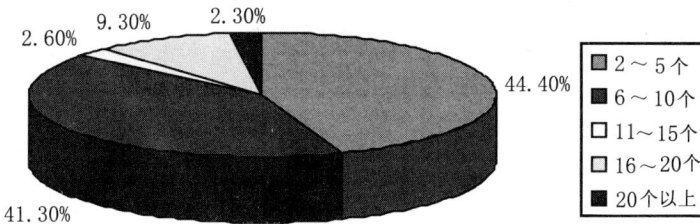

图 4-7　RJV 成员数量分布

---

① 主要因为该领域的合作关系大部分形成于在大学和研究中心之间，所以没有被收录在 EU-RJV 数据库里。

② Yannis Caloghirou, Nicholas S. Vonortas and Stavros Ioannides, et al. European Collaboration in Research and Development. Edward Elgar Publishing Inc. , 2004：43.

图 4 - 8 为基于 RJV 合作类型的分布比例。企业之间形成的 RJV 仅占全部 RJV 样本数的 15.55%（1295 个），而最常见的类型是企业、大学和研究中心之间的合作（F - U - R）。大学是 RJV 重要的合作伙伴，60% 以上的 RJV（5218 个）中至少包括一所大学。将 RJV 样本的技术分布领域、规模以及合作类型结合起来进行比较分析的结果表明：农业领域的 RJV 成员通常包括非私有部门的研究机构；海洋和渔业领域的 RJV 成员多样化程度很高，通常为 F - U - R 和 F - U - R - O 型；安全领域的 RJV 以 F - R 和 F - O 类型为主，表明政府的参与程度较高。表 4 - 2 显示了参与 RJV 的企业分布状况。77% 的 RJV 包括至少两个企业成员，逐年数据比较后的结果表明企业更加愿意加入至少包括一个其他企业成员的 RJV。

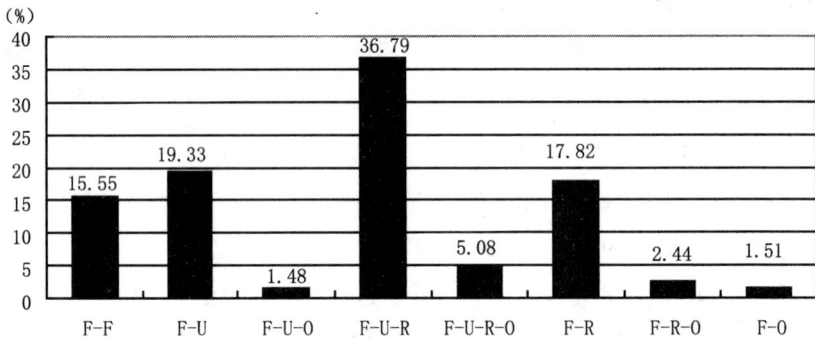

图 4 - 8   基于 RJV 合作类型的分布比例

注：F：企业；U：大学；R：研究中心；O：其他（政府机构、医院、图书馆等）。

表 4 - 2   RJV 中的企业成员分布比例

企业数量	RJVs 成员数量（个）	RJVs 所占比例（%）
1	2100	23.1
2	2175	23.9
3	1509	16.6
4	1122	12.3
5 ~ 6	1255	13.8
7 ~ 9	620	6.8
10 个以上	305	3.4
总计	9086	100.0

EU-RJV 的成员主体中，企业总数占 61%，大学占 16%，研究中心占 21%，其他占 2%。表 4-3 给出了 EU-RJV 成员的国别分布状况。德国参与 RJV 的实体数和成员身份数量最多，其次是英国和法国。德国企业参与的 EU-RJV 数量也排在首位，如图 4-9 所示。

表 4-3 欧洲不同国家参与 EU-RJV 的情况

国家	实体数	实体比例	成员身份数	成员身份比例	合作伙伴	协调机构	协调机构比例
德国	3501	17.08	11000	16.80	9451	1549	16.59
法国	2958	14.43	10489	16.02	8753	1736	18.60
英国	2958	14.43	10408	15.90	8540	1868	20.01
意大利	2092	10.21	6789	10.37	5837	952	10.20
西班牙	1609	7.85	4484	6.85	3942	542	5.81
荷兰	1406	6.86	4628	7.07	3869	759	8.13
比利时	998	4.87	3218	4.91	2696	522	5.59
瑞典	726	3.54	2086	3.19	1925	161	1.72
希腊	721	3.52	2679	4.09	2394	285	3.05
丹麦	663	3.23	2183	3.33	1838	345	3.70
葡萄牙	609	2.97	1818	2.78	1677	141	1.51
澳大利亚	417	2.03	864	1.32	771	93	1.00
芬兰	406	1.98	1178	1.80	1079	99	1.06
冰岛	392	1.91	1361	2.08	1204	157	1.68
瑞士	296	1.44	879	1.34	869	10	0.11
挪威	296	1.44	792	1.21	727	65	0.70
卢森堡	67	0.33	104	0.16	87	17	0.18
其他国家	384	1.87	516	0.76	482	34	0.36
总计	20499	100.00	65476	100.00	56141	9335	100.00

注：来自 34 个国家的实体至少参与这些 RJV 一次。

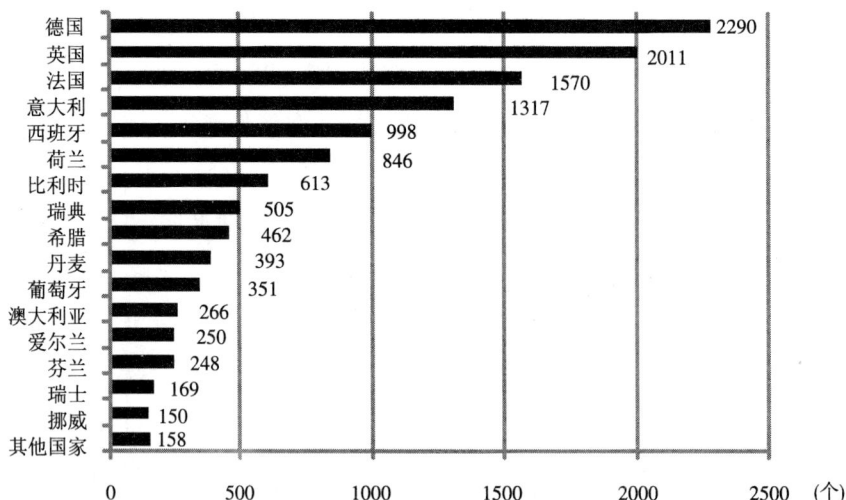

图4-9 欧洲国家参与EU-RJV的企业数量

从EU-RJV部门分布的情况来看，50%以上的企业类属于五个部门，依次为商业服务、电气/电子工程、机械工程、批发销售和化学药品。这些企业中制造业领域的企业数量不多，且研发密集程度不高。这与Vonortas（1997）① 对美国RJV样本的分析结论相似。Vonortas指出这些企业愿意加入RJV的一个原因是高资本投资企业（供应商）亟需使用新技术，但是却没有足够的动机进行自主研发。RJV可以将供应商和消费者链接起来，与消费一方共同组建RJV可以使供方影响相关研发，进而使研发结果更加符合他们的需要。同时，资本设备（Capital Equipment）的供方可以利用RJV在研发之前与重要客户建立联系。

2. EUREKA-RJV数据库与比较分析

图4-10给出了1985～1996年EUREKA-RJV的数量分布，按照开始运行的时间为统计标准。最后4年数据的显著增长源于东欧几个国家的加入。大部分EUREKA-RJV从事环境领域的研发，其次是医药与生物技术、信息技术以及机器人技术/生产自动化。图4-11描述了EUREKA-RJV的成员数量分布。大部分RJV由四个或以下的成员组成。由7～10个

① N. S. Vonortas. Research Joint Ventures in the United States. Research Policy, 1997（26）: 577-595.

成员组成的 RJV 中有许多从事环境和信息技术领域的研究。41% 的 EURE-KA－RJV 中企业是唯一的成员类型，这与 EUREKA 的初始目标"市场导向型研发"是一致的。欧洲国家参与 EUREKA－RJV 的成员数量排名依次为法国、德国和英国。80% 的实体仅参加过一个 RJV。企业成员在全部 RJV 成员实体中占 76%（大企业和中小企业分别占 38%）、研究机构占 12%、大学占 8%，剩下的是政府机构。企业同时也是各 RJV 的主要协调人主体。① 最为活跃②的 EUREKA－RJV 成员排名中，大学和研究机构占据前六位，其次为大型企业。

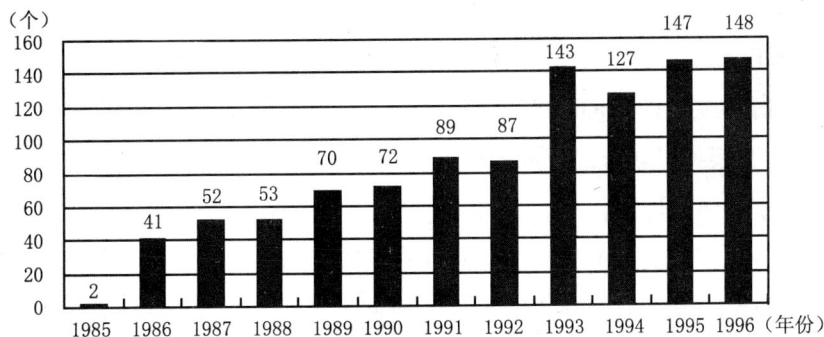

图 4－10　EUREKA－RJV 数量分布

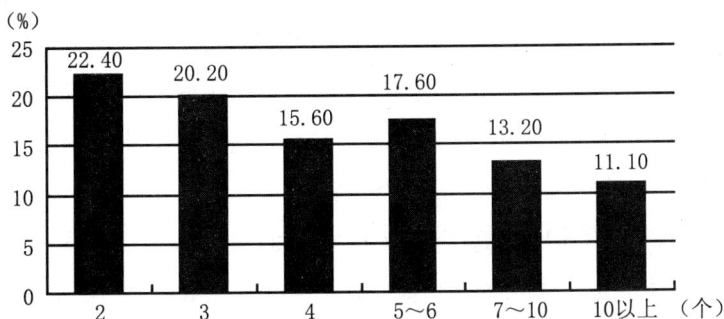

图 4－11　EUREKA－RJV 成员数量分布

---

① 其中，中小企业做协调员的占 43%，大企业占 39%。
② 所谓"活跃"，是指成员身份数量大于 10 个的成员实体。

EUREKA 是 20 世纪 80 年代中期为了在研发方面补充 FWP 的项目，二者的着眼点都是欧洲国家研究主体之间的跨国合作研发。Yannis 等 (2004)① 归纳了 EU - FWP 与 EUREKA 之间的不同之处：FWP 主要是一种自上而下的项目运行模式，受欧盟委员会及包括工业组织在内的相关主体的影响较大。对于 EUREKA 来说，RJV 技术领域等问题的主动权则掌握在 RJV 成员手中；FWP 资助的项目以竞争前/共性技术研发为主。EUREKA 则更多以开发可市场化的产品和服务为主；FWP 最多可为 RJV 提供相当于总研发成本 50% 的补贴，而 RJV 从 EUREKA 获批后的标志（Label）只能提高 RJV 获得国家级资助的几率，成员只能从各自政府那里申请资助；FWP 项目研发成果的所有权归欧盟和 RJV 成员共同所有，而 EUREKA 项目的研发成果只归 RJV 成员所有；FWP 受欧盟委员会的监管，而 EUREKA 项目只根据最初合同受成员自身的监管。

除了这些设计和管理上的不同之处，二者在 RJV 的具体安排上也有不同。从技术领域上来说，EU - RJV 的研究领域偏向 ICTs，EUREKA - RJV 的研究领域分布得比较平均。从运行时间上看，约 70% 的 EU - RJV 是中期的，只有 16% 是长期的（超过 37 个月）。相比之下，57% 的 EUREKA - RJV 是长期的。从合作伙伴的数量上看，45% 的 EU - RJV 是小规模的，有 2 ~ 5 个合作伙伴，41% 有 6 ~ 10 个合作伙伴，而小规模 EUREKA - RJV 的比率占 69%，大部分 EUREKA - RJV（42.6%）由 2 个或 3 个合作伙伴组成。从合作类型上看，EU - RJV 包括大量企业、大学和研究机构之间的合作，而 EUREKA - RJV 中的企业间合作更多。从协调主体的构成来看，大部分 EU 和 EUREKA 的 RJV 协调主体都是企业，而 EU - RJV 中大学和研究机构作协调主体的比例高于 EUREKA - RJV。从成员企业的规模上看，EU - RJV 中大企业的参与程度更高，而 EUREKA - RJV 中不同规模企业的参与度相对分散。从部门分布来看，两类 RJV 在电器/电子工程以及商业服务领域更加活跃，化学领域的企业参与 EUREKA - RJV 的数量更大，通

① Yannis Caloghirou, Stavros Ioannides, Aggelos Tsakanikas and Nicholas S. Vonortas. Subsidized Research Joint Ventures in Europe, in: Yannis Caloghirou, Stavros Ioannides and Nicholas S. Vonortas, eds. European Collaboration in Research and Development. Edward Elgar Publishing Inc., 2004: 59 - 63.

信部门的企业参与 EU – RJV 的更多。

二、欧洲 RJV 的形成动机与经济绩效

Aggolos 和 Yannis（2004）① 考察了七个欧洲国家② EU – RJV 的企业成员，并得出以下几个主要结论：典型的欧洲 RJV 企业成员是制造业或商业服务部门的私有中小型企业，销售额平均为 3000 万欧元。虽然这些企业仅支出销售额的 1% 用于研发，但由于其 1/4 的员工是科学家和工程师，因此，本质仍然是知识密集型企业。尽管这些 RJV 的"初始目标"是竞争前技术，但它们大多从事与企业成员核心技术相关的应用技术研发，且大多有计划地将研发成果商业化。欧洲企业参与 RJV 的主要目标是学习相关技术和与主要技术发展前沿保持一致，此外，非常重要的动机还包括：获得互补资源和能力、降低研发成本，一些成员还借以推动其研发成果的商业开发。这些企业大多数处于成熟期（Maturity Stage），面临的外部经济环境通常是激烈的技术竞争和价格竞争，未来的需求和竞争对手的方略很难预测。同时，与大学和研究中心的合作是最常见的研发合作类型。Aggolos 和 Yannis 对合作研发的目的、收益和问题进行了调查，结果分别如表 4 – 4、表 4 – 5、表 4 – 6 所示。

表 4 – 4　合作研发的目的

维度（项）[Dimensions (items)]	因素	均值（标准差）
加快进入市场的速度；联合制定技术标准；链接用户与厂商；控制未来市场发展；创造新的投资选择	市场开发	2.9 (0.8)
分摊研发成本/风险；减少不确定性；获得资金	研发成本	3.4 (0.9)
获得互补资源和技术；实现研发核心力（Critical Mass）的汇集和研发的协同效应以节约成本，提高研发生产效率	资源和能力	3.4 (1.0)
技术学习；与主要技术发展保持一致	技术	3.6 (1.0)

① Aggelos Tsakanikas and Yannis Caloghirou. RJV Formation by European Firms: Strategic Considerations, in: Yannis Caloghirou, Stavros Ioannides and Nicholas S. Vonortas, eds. European Collaboration in Research and Development. , 2004: 98 – 100.
② 这七个国家是法国、希腊、爱尔兰、意大利、西班牙、瑞典和英国。

表 4 – 5　合作研发的收益

维度（项）[Dimensions（items）]	因素	均值（标准差）
对新的或现有产品的开发/改进；利润率和市场份额的提高	产品开发	2.9（1.0）
现有研究的延续和促进；互补资源的开发和新知识的获得/创造，技术的改进和组织能力的改善	知识基础	3.4（0.9）
新的或现有程序的开发/改进	程序研发	2.9（1.3）

表 4 – 6　合作的问题

维度（项）[Dimensions（items）]	因素	均值（标准差）
成果在成员之间的专用问题以及一些衍生问题（IPR、规章制度等）；重大技术信息泄露给合作伙伴	制度设置	2.2（0.9）
合作需要的附加成本和时间或无法找到合适的合作伙伴	成本和时间	2.7（0.9）
RJV 内部的协调问题，合作伙伴之间不同的战略兴趣	潜在冲突	3.2（1.0）

　　样本的研究结果表明，企业加入 RJV 的目的包括：获得互补资源和技能（70%）、技术学习（64%）、和研发成本分摊（64%）RJV 可以让企业获得原本很难转让或无法进行交易的技术知识。表 4 – 4 中市场开发因素的均值最低，[1] 而其他合作模式（如战略联盟）可能更适合这一目标。Glaister 和 Buckly（1996）[2] 研究了英国企业参与的国际联盟，发现这些联盟最主要的战略动机是更快拓展和进入新市场。成本分摊和获取资源是企业的重要目标，然而成本方面的收益是一时的（包括资助），而技术知识可以不断积累。[3] 77% 的企业认为合作后新知识的获得或创造是"重要的"或"非常重要的"收益，46% 的样本企业认为合作伙伴之间的不同战略兴趣和协调问题是冲突的主要根源，而仅有 9% 的企业认为将技术信息泄露给合作伙伴是个重要问题。这表明对于竞争前研发来说，信息泄露和知识的被动外溢并不是

---

　　① 表中均值和标准差根据李克特量表法（five – degree Likert scale）的调研结果计算。

　　② K. W. Glaister and P. J. Buckley. Strategic Motives for International Alliance Formation. Journal of Management Studies, 1966（33）：301 – 332.

　　③ M. Sakakibara. Heterogeneity of Firm Capabilities and Cooperative Research and Development：An Empirical Examination of Motives. Strategic Management Journal, 1997（18）：143 – 164.

企业的主要顾虑。但如果这里的企业样本参与的是市场关联度较强的产品研发合作，那么上述问题有可能是合作的主要风险之一。[①]

基于 EU - RJV 和 EUREKA - RJV 数据库的资料和数据，Yannis 和 Nicholas（2004）[②] 的计量经济学研究结果表明：知识的外溢性是 RJV 形成的重要决定因素，不过这种效应只会产生在研发集中的产业；行业集中度与 RJV 的形成比率呈正相关，一个原因是集中度有利于外溢的内部化、减少市场竞争强度；企业规模是参与 RJV 的重要决定因素；过去的研发合作经历在很大程度上提高形成新的合作企业的几率。此外，在其调查的 456 个企业中，近 2/3 的企业反映如果没有政府的资助，它们不会参与某项合作研发。Yannis 和 Nicholas 对 RJV 进行了案例研究后发现：竞争企业之间合作的前提是没有重要市场挑战或者需要建立技术标准的时候，否则他们会对竞争前研发合作加以限制；企业和大学之间共享知识和经验比企业和企业之间容易；制度设置为合作提供动机；政府通常因为激烈的国际竞争而对 RJV 进行资助；许多 RJV 的形成是由于高不确定性和技术的迅速更新带来的研发开支的提高；研发资金有限的小企业通常有时会签订分包合同（Subcontract）或者与大学/研究中心合作进而共享用以进行特定研发活动的人才和基础设施。

评价 RJV 绩效的方式包括主观评价标准和客观评价标准，哪个标准更加合理始终是理论界争议的焦点。Caloghirou、Hondroyiannis 和 Vonortas（2003）[③] 基于主观评价标准，利用 RJV 调研数据库（Survey - RJV Database）对欧洲 RJV 的整体绩效进行了分析。Benfratello 和 Sembenelli（2005）[④] 验证了是否欧盟资助的 RJV（EU - RJV）能为成员企业带来正效

① Littler, Leverick and Wilson . Collaboration in New Technology Based Product Markets. International Journal of Technology Management, 1998 (5)：211.

② Yannis Caloghirou and Nicholas S. Vonortas . RJVs in Europe：Trends, Performance, Impacts, in：Yannis Caloghirou, Stavros Ioannides and Nicholas S. Vonortas, ed. European Collaboration in Research and Development. Edward Elgar Publishing Inc. , 2004.

③ Yannis Caloghirou, George Hondroyiannis and Nicholas S. Vonortas . The Performance of Research Partnerships. Managerial and Decision Economics, 2003 (24)：85 - 99.

④ Luigi Benfratello and Alessandro Sembenelli . Research Joint Ventures and Firm Level Performance. Research Policy. 2005 (31)：493 - 507.

应，并将其与 EUREKA – RJV 对企业绩效的影响进行了比较。他们从 EU –
RJV（1992 ~ 1996）中选取了 1339 个制造企业，从 EUREKA – RJV（1985
~ 1996）中选取了 750 个制造企业，这些企业的财务数据（1992 ~ 1996）
来自 Amadeus 数据库。① 最终的评估样本由 411 个制造企业组成，其中 253
个企业至少参加过一个 EU – RJV，101 个企业至少参加过一个 EUREKA –
RJV。文章着眼于三个绩效评价指标：劳动生产率（Labour Productivity）、
全要素效率（Total Factor Productivity，TFP）和价格成本差（Price-cost
Margin），并通过计算均值（Mean Value）得出结论：RJV 成员企业的劳动
生产率、全要素效率和价格—成本差高于对比样本② （Control Sample）。
EUREKA – RJV 企业成员的劳动生产率和全要素效率高于 EU – RJV，而价
格—成本差低于 EU – RJV。该文作者又将样本的考察时间分为两个区间
（前段 1992 ~ 1994 和后段 1995 ~ 1996），之后进一步的研究结果表明 EU-
REKA – RJV 的各个指标数据都有显著增长。Benfratello 和 Sembenelli
（1999）指出，上述分析结果与 EUREKA 和 FWP 的项目目标相关，EURE-
KA 的目标侧重于市场导向性，因此 EUREKA – RJV 更易于给企业带来更
加直接和迅速的效应影响。而 FWP 的目标不在于提高企业层面的绩效效
应，而是强调更加广泛和间接的目标，如促进企业、大学和研究中心的合
作以及促进欧洲网络的发展。

　　Yannis 和 Nicholas（2004）③ 运用计量经济学和统计学方法分别利用
EU – RJV 数据库、EUREKA – RJV 数据库和 RJV 调研数据库对 RJV 的绩效
进行了主观（如财务状况）评价和客观评价。其统计结果表明 RJV 成员企
业的平均生产率高于非成员企业，EUREKA – RJV 中的企业比 EU – RJV 企
业的生产率更高。计量经济学分析显示 EUREKA – RJV 对样本企业有正效

---

　　① AMADEUS 数据库是一个综合性泛欧数据库，包括 41 个欧洲国家的 1100 万条国有企业和
私有企业的财务信息。

　　② 这里的对比样本（Control Sample）是从 Amadeus 数据库获得的 3621 个非 RJV 成员企业。

　　③ Yannis Caloghirou and Nicholas S. Vonortas. RJVs in Europe：Trends，Performance，Impacts，in：
Yannis Caloghirou，Stavros Ioannides and Nicholas S. Vonortas，eds. European Collaboration in Research
and Development. Edward Elgar Publishing Inc.，2004：142 – 147.

应，而对 EU - RJV 没有显著结果。① 此外，在 RJV 给行业和区域经济带来的效应方面（基于从 STEP - TO - RJVs 中一组 RJV 样本数据），计量经济学的分析结果显示出欧洲企业显著的短期收敛（Convergence）迹象和国际研发合作对整个收敛过程的正效应。

研发本身的特征使我们很难对研发的效应进行合理的、准确的衡量。同时，受资助的 RJV 成员对欧洲 RJV 项目提出了两个方面的重要问题：首先，欧洲 RJV 项目在处理预算分配变更、成员变化和提交报告等相关问题上过于严格。同时，虽然主要合同人的责任明确，但是具体处理问题时的灵活性很低；其次，RJV 通常在如何实现研发成果的商业化问题上欠缺考虑。

三、欧洲各国合作研发的具体特征和制度激励

在欧洲国家中，英国、法国、意大利、荷兰和瑞典参与合作研发较为活跃，其制度设计的针对性较强，合作研发绩效也较为显著，下面将对这些国家的合作研发模式与制度激励加以论述。

1. 英国的合作研发

英国的商业研发支出（Business Expenditure on R&D，BERD）相对较低。1999 年英国的总研发指出（Gross Expenditure on R&D，GERD）是 167 亿英镑，占 GDP 的 1.83%。这个数字仅仅高于欧盟的平均水平（POST，② 2001）。然而，技术行业为英国提供了 51% 商业附加值，且该数字在 1985 ~ 1996 年以 4.1% 的年增长率不断提高。③ 英国人口仅占世界人口总数的 1%，却为全球科技提供了 4.5% 的资助，其科学论文数量占世界科学论文总数的 8%。④

（1）英国 RJV 的组织特征和发展模式。英国第一个促进合作研发的重大项目是 Alvey 计划（艾菲计划），重点研究先进信息技术，⑤ 始于 1983

---

① EUREKA - RJV 企业的绩效显著因为其更加强调技术的开发、时差较短，而 EU - RJV 以竞争前技术为主，企业绩效在短期很难评估。

② POST 全称为 Parliamentary Office of Science and Technology，英国国会科技办公室。

③ 根据 OECD 科技和工业展望（2000），这两个比率在 OECD 国家里均排名第四位。

④ Rigby, John and Luke Georghiou. Industry - science Relationships in the United Kingdom. Benchmarking Industry - Science Relationships, Paris；OECD, 2002：109 - 158.

⑤ 包括信息技术的四个主要领域：软件工程、人机交互系统（Man - machine Interface）、硅结构 - VLSI（Silicon Architectures）和智能知识体系（Intelligent Knowledge - based Systems）。

年，与欧盟的 ESPRIT 项目几乎同时启动。该计划拟实施 5 年，预算 3.5 亿英镑。其中 1 亿英镑来自产业，2.5 亿英镑来自政府部门（国防部、工业部和学术研究委员会）。Alvey 计划实际上是英国对日本的研发政策做出的反应。日本第五代计算机研究项目的启动以及通产省为促进合作研发实施的 VLSI 项目均推动了英国的合作研发进程。Alvey 计划的启动先于大规模的欧洲研发项目，帮助英国企业积累了研发合作经验，使英国企业较早涉足合作研发的深入问题，例如研究项目的管理、合作中的知识产权问题，以及与商业竞争者合作时遇到的问题等。英国企业在随后的欧洲项目中占有重要地位，并且经常负责项目的管理工作。

英国的 Alvey 计划是欧洲国家支持合作研发的典范。Alvey 计划提出了"在企业、大学和政府之间展开合作"的理念。这种合作可以建立在企业之间或是企业与大学/专科学院之间。政府在 DTI（贸易产业部）中设立了一个特殊的理事会，对那些从属于企业的部门机构间的合作项目进行组织和管理，并由学术界的三个主要机构从外部对其进行持续的独立评估。[①] 1986 年 5 月 Alvey 计划各个项目的合作者及 Alvey 计划参与情况统计见表 4 - 7 和表 4 - 8。

表 4 - 7　1986 年 5 月 Alvey 计划各个项目的合作者

领　域	产业项目数	"产业"内合作者	"学院"合作者	总　计
超大规模集成电路	56	174 (3.1)	88 (1.6)	262 (4.7)
软件工程	31	83 (2.7)	31 (1.0)	114 (3.7)
智能系统	50	75 (1.5)	61 (1.2)	136 (2.7)
人机交互系统	42	74 (1.8)	69 (1.6)	143 (3.4)
通信	2	4 (2.0)	5 (2.5)	9 (4.5)
大型指示器	4	14 (3.5)	14 (3.5)	28 (7.0)
总　计	185	424 (2.3)	268 (1.4)	692 (3.7)

注：括号里是各项合作者的平均数。

资料来源：Alvey 计划《年报》1986 年 10 月，转引自克里斯托夫·弗里曼：《技术政策与经

————————

① Alvey 计划可以视为英国对日本所提倡的对下一代电子计算机进行联合研发的回应。这项建议引发的讨论促成了艾菲委员会报告（1982）的发布、艾菲理事会的成立及艾菲计划的启动（1982）。

济绩效》，张宇轩译，南京：东南大学出版社，2008年版，第105页。

表4-8 1986年5月 Alvey 计划参与情况统计

	数量（个）	单个项目参与
企业	109	428
高校	53	343
工艺学院	11	22
军事组织	20	51
总 计	193	844

资料来源：同表4-7。

百德委员会（Bide Committee Report，1986）对 Alvey 计划的评估结果中所指出的该计划的优势主要体现在以下几个方面：大学与企业间密切的交流与合作关系；对众多部门预算有效的协调和使用；在解决涉及企业和一个以上的政府部门的问题时所采取的综合性措施；重点关注 IT 界，对专家的意见和专业技术实现共享，并对所存在的普遍问题进行讨论。①

Alvey 计划之后，英国用以促进合作研发的国家级项目主要包括 ATP（Advanced Technology Programmes）和 LINK（The Link Collaborative Research Scheme）。英国的 ATP 项目主要用来促进企业之间的合作，必要的时候合作成员中也包括学术研究机构。LINK 的重点偏向学术界与产业界之间的合作。

LINK 于1986年启动，是英国政府用来支持工业/商业部门与科学基础（由大学、研究委员会的机构、政府研究机构、医院或独立研究组织等组成）之间合作关系的重要途径。其重点支持的研究领域是利用染色体序列和基因数据识别生物系统中的新功能，并进一步应用在医疗领域。每个部门都受到相关政府部门或研究委员会的资助，具体项目由科研机构和企业共同申请，政府对中小企业最多可支持60%的经费、对于预研项目可最大支持75%的经费、对于核心项目可支持50%的经费、对于开发项目可支持

---

① 克里斯托夫·弗里曼：《技术政策与经济绩效：日本国家创新系统的经验》，张宇轩译，南京：东南大学出版社，2008年版。

25％的经费。LINK 项目执行期一般为 2～3 年，每个项目至少要有一家企业和一所科研机构结成伙伴才能申请，项目总负责人或项目经理通常由工业界人士担任。① 1997 年以来，共有 441 个 LINK 项目通过审查，其中包括不同企业成员 800 多家。政府在 2000～2001 年对 LINK 项目的支出为 0.41 亿英镑（包括 DTI 和研究委员会②）。2000 年 9 月，6 个新的 LINK 项目和前瞻连接资助（Foresight LINK Awards，FLAs）宣布启动，总投资为 1.54 亿英镑，其中政府支出 0.77 亿英镑。③

英国贸工部与工程物理科学研究理事会在 1997 年共同发起并实施法拉第合作伙伴计划（Faraday）。与其他产学研合作计划不同，法拉第合作伙伴计划明确要求各产学研联合形成的"法拉第合作伙伴"组织中，必须有一家科技中介机构参加，由科技中介机构负责协调组织中产学研各方的合作。法拉第合作伙伴计划实施以来，英国已建立了 24 家"法拉第合作伙伴"组织，吸引了 1200 多家企业、200 多所大学和研究机构参与，取得了较好的效果。如今法拉第伙伴关系已将大约 51 所大学院系、27 个独立研究组织、25 个中介组织以及 2000 多个大小企业连接在了一起。在"法拉第合作伙伴"组织中，中介机构发挥了很有价值的作用。④

（2）英国 RJV 发展的制度激励。根据《2005 年英国统计年鉴》公布的数据，2004 年英国政府对科技的总投入为 97 亿英镑，其中，企业获得了 67％的研发经费，高等教育部获得了 23％的研发经费。这说明企业的研发活动得到了政府部门的广泛资助。与此同时，企业也是英国研发活动最大的资助者。以 2002 年为例，企业提供的研发经费占英国研发总投入的 47％，而政府提供的经费约占 11％。⑤

英国的双重支持机制为大学提供研究经费。一个支持渠道是委员会的

---

① ④⑤ 孙福全、陈宝明、王文岩：《主要发达国家的产学研合作创新——基本经验及启示》，北京：经济管理出版社，2007 年版。

② 研究委员会包括 MRC（Medical Research Council）和 BBSR（Biotechnology and Biological Sciences Research Council），即（英国）医学研究理事会和生物技术与生物科学研究委员会）；DTI（Department of Trade and Industry）即英国贸工部。

③ Katharine Barker, Luke Georghiou and Hugh Cameron. United Kingdom Public Policies and Collaboration in R&D, in: Yannis Caloghirou, Stavros Ioannides and Nicholas S. Vonortas, eds. European Collaboration in Research and Development, 2004: 187 – 207.

资金：英国高等教育基金委员会（Higher Education Funding Council for England，HEFCE）为大学提供工资和研究基础设施；研究委员会（Research Council）为项目（包括研究人员工资）、研究培训和研究中心提供资金，一些研究委员会也有自己的研究机构。另一个研发的主要资金渠道是具有慈善性质的非营利部门，如英国著名的维康信托基金会①（Wellcome Trust）。大学和研究委员会的机构一起构成英国的科学基础（Science Base）。其他政府部门可以委托国家现有的实验室、②大学、研究委员会的机构或私人部门进行研发。这类研究几乎都是应用性很强、以内阁的任务为导向的。

1986 年，英国成立了旨在促进产学研合作的工业和高等教育委员会。该委员会在 1987 年发表了《走向合作：高等教育—政府—工业》的报告，进一步强调三者之间合作的必要性，并各在英国工商业界引起了积极的反响。③ 2004 年，《英国 10 年（2004～2010）科学与创新投入框架》进一步提出要继续加强公共资助机构对经济需求和公共服务的反馈能力。各研究理事会的计划要与研究的最终用户建立更紧密的伙伴关系，要关注最终用户的需求，要有利于改善大学和研究机构知识转移和产业化的能力。④

在推进产学研合作的过程中，英国政府充分利用、有效借助科技中介组织。在产学研合作中，英国出现了小企业服务局、创业服务中心等相关合作服务中心。这些机构对于促进产学研合作、提高科技创新能力起了重要的作用。为了推进中介机构的发展，英国政府还设立了伦敦技术网络等区域性创新中介机构，推进了区域产学研合作。

英国政府实行的科技决策咨询制度也为科技咨询中介机构开辟了很大

---

① 该基金会是一个独立的慈善组织，为研发提供资助用以改善人类和动物的健康。它成立于 1936 年，成立伊始拥有 130 亿英镑的捐款，是英国从事生物医学研究的最庞大的非政府性资金来源。

② 或原有的（现已变为私有的）实验室。

③ 刘力：《产学研合作的沃里克模式和教学公司模式——英国的经验》，《外国教育研究》2005 年第 10 期。

④ 孙福全、陈宝明、王文岩：《主要发达国家的产学研合作创新——基本经验及启示》，北京：经济管理出版社，2007 年版。

的生存空间。20 世纪 80 年代初，英国贸工部要求所有的科技决策和项目计划必须包括理论依据、目标、评价、监督和评估等多项内容，其中评估必须以公开招标的方式由独立的咨询机构来完成。该制度的实施使英国政府成为科技咨询市场的一大买方，有力地促进了科技咨询业在英国的发展。英国政府在为企业服务的过程中，很多时候自身就扮演着科技中介的角色。例如，英国贸工部 2010 年设立的小企业服务局为许多小企业提供了科技中介服务。[①]

英国政府除对中小企业提供专项创新资金和匹配资金外，还制订了小企业贷款保证计划和小企业培训贷款计划，对那些希望创新但又缺乏抵押资产、无法从银行获得贷款的小公司给予支持。英国政府于 2001 年制订了小企业研究计划，目的是提高小企业获得政府研发合同的成功率。根据这项计划，英国政府的研发采购计划均向小企业开放。英国政府自 2002 年起开始实行中小企业投资研发减免税政策。该政策规定，年营业额少于 2500 万英镑的中小企业，每年研发投资超过 5 万英镑时，可享受减免税 50% 的优惠待遇；尚未盈利的中小企业投资研发，可预先申报税收减免，获得相当于研发投资 24% 的资金返还。英国专利局为确保中小企业能够有效地利用知识产权制度，开展了一项旨在提高知识产权保护意识的计划。该计划为企业知识产权顾问提供培训。[②]

此外，英国大学有明确的政策以保护个人从企业受益。例如，大学的教师可以在企业兼职，大学的研究成果可以直接卖给企业，或技术入股、或转让使用许可。

2. 法国的合作研发

欧盟的框架项目在法国的研究体系中作用显著。法国实体参与了第四

---

① 英国的小企业服务局是英国有史以来第一个专门为小企业服务的政府机构，其主要职能是在政府层面上反馈小企业的需求，并对小企业提供政策、法律、融资和信息等方面的咨询服务。目前，小企业服务局在全英各地成立了 240 家企业联系办公室，每个企业联系办公室都有一支顾问队伍，为当地的中小企业提供咨询服务。小企业服务局咨询服务的内容涉及信息与建议、企业发展、销售与市场、员工素质的提高、国际业务的开展、创新与技术、生产与商品质量保证、信息通信技术与电子商务、资金与金融管理、法律法规和企业创建等各个方面。小企业服务局作为政府的一个机构，起着为小企业提供各种咨询服务中介机构的作用。

② 孙福全、陈宝明、王文岩：《主要发达国家的产学研合作创新——基本经验及启示》，北京：经济管理出版社，2007 年版。

届框架项目中42%的启动项目。在国家内部，法国拥有庞大的公共研究机构。20多家公共研究机构、160多所大学和高等专业学院（Grandes écoles）① 实现法国总研发的37%，并雇用全法国研究人员的53%。企业通常会与私人部门合作研发，与公共研究机构合作的几率相对较低。1998年以来，法国的创新政策有了新的导向，开始探索多样化的合作路径以图更加有效地将公共和私人研究结合起来。

法国政府为促进合作研发而采取的多样化途径包括：合作研发合作/网络、研究小组（Research Groups）或自主结构（Autonomous Structures）、联合研究中心和实验室、技术转移合同，以及大学和公共研究机构内部的孵化器（Incubators）。

法国的主要合作研发机制包括：联合实验室。大学研究人员和PRO（私人研究机构）研究人员共建实验室进行研发，如CNRS实验室，② 公共/科学组（Public/Scientific Interest Groups）。研究机构、大学和私人研究实验室聚集资源进行合作研发。

每个公共研究机构与相应政府部门签订一个4年的合同，用以协调国家科技发展的优先领域与PRO的研究目标和项目。大学也要和"研究与技术部（The Ministry of Research and Technology）"签订一份4年期合同，合同方通常包括CNRS（或其他PRO）、国家和大学。合同内容包括大学的科学目标、研究成果的评估③以及国家财政投入等问题。

技术研究基金（The Fund for Technological Research，FRT）是一个资助和协调途径，用以引导公共研究和私人研究合作关系的形成、促进技术从公共研究机构向工业转移。FRT中有56%的资金用于促进技术创新和研究网络的构建，其目的在于促进公共机构与企业研究实验室在新技术领域加

---

① 法国的高等专业学院（GE）有别于一般的法国大学，是法国独有的名校系统，分公立和私立，主要培养专业理工科和商科精英，入学条件十分严格，教学目的以商务为导向，每年招收学生人数有限。

② CNRS，全称为The Centre National de la Recherche Scientifuque（National Center for Scientific Research），法国国家科研中心，CNRS实验室包括两种，一种是CNRS内部实验室，由CNRS自身投资和管理，称为UPR（法语为unités propres de recherche）。另一种是联合实验室，由CNRS与大学、其他研究机构或企业合作建立，称为UMR（法语为unités mixtes de recherche）。

③ 每个研究机构都需要提出一套评估方案以对其研究成果进行评价。

强合作，同时鼓励新企业的成立。除了 FRT 以外，国家研究局、公共研究机构和企业等共同投资于合作研发。在法国，这些研发网络是欧洲框架项目和 EUREKA 的补充。国家科学基金（The Fund for National Science，FNS）也是支持技术创新的重要途径，70% 的 FNS 用于生命科学，尤其是基因组学，也包括医疗技术等项目。这些项目中有一部分起到了促进公共研究、工业和医疗部门之间合作的作用。①

法国"科研税收信贷"政策对研发合作产生很大影响。"科研税收信贷"指企业第一年用于研究与发展开支的50%可以免税，以后每年增加投资的50%可享受免税。根据"科研税收信贷"政策，凡是研究开发经费年增长率为50%的企业均可享受科研税收信贷。②

法国政府还组织成立了许多国家技术研究中心（National Centres of Technological Research），用以连接公共研究实验室和大企业的研究部门（在一些情况下还包括中小企业）。2000 年有 12 个这样的研究中心成立，但是并没有额外公共资金的投入。③

此外，法国政府还鼓励大学和研究机构共同参与创立企业。法国允许高校研究机构以协会或建立股份有限公司的形式，组织专业化队伍推广成果。法国研究成果推广署从技术和资金上大力支持研究人员创办新企业，鼓励科研人员创办公司，允许科研人员停薪留职 2~3 年。截至 2005 年，仅法国国家信息与自动化研究院的科研人员就创办了 15 家高技术公司。④

3. 意大利的合作研发

在意大利，大企业参与研发合作活动的比例最高，尤其是与大学、外国企业以及国家研究中心（Consiglio Nazionale delle Ricerche，CNR）合作。

① 还有一部分项目与认知、劳动组织和城镇发展相关。
② ④ 孙福全、陈宝明、王文岩：《主要发达国家的产学研合作创新——基本经验及启示》，北京：经济管理出版社，2007 年版。
③ Mireille Matt. Collaborative Research and Technology Policy in France, in: Yannis Caloghirou, Stavros Icannides and Nicholas S. Vonortas, eds. European Collaboration in Research and Development, 2004: 253.

Maria 等（2004）① 提出了三种不同的研发合作模式：①企业之间的合作。如研究项目的短期合同、研发实验室的联合、新产品的商业化、专利许可、RJV 的建立等。②私人与公共机构之间的合作。即私人企业与大学、公共研究中心之间的合作。③新型合作模式。如技术园、公共实验室和研究中心之间的合作。意大利政府以促进前两种合作模式的发展为主，重点促进企业、大学和公共机构之间的合作以及私人技术研发活动之间的合作。

意大利的"国家研究与培养计划"由意大利大学研究部组织实施。该计划在选题上注重工业界的实际需求和国家目标相结合，在选题时大学研究部会合工业界、科技界广泛协商，所选的课题要处于竞争前阶段，支持技术往往是风险较高的行业共性技术，并要求项目能在中期（5 年）内实现工业化。该计划重点支持企业，注重发挥企业在研究开发中的作用。2005 ~ 2007 国家研究计划直接规定只接受创新联合体的项目申报。近年来，意大利创新体系的一个比较令人瞩目的现象就是出现了一批由大企业研究中心、公立研究机构和地方工业界联合组成的城市研究康采恩，针对一些共性技术或高新技术进行研究开发。

CNR（国家研究中心）启动的 PF（Progetti Finalizzati）项目对合作研发起到了促进作用。该项目旨在促进公共实验室、私人实验室和研究中心之间的研究合作，尤其是大学和企业之间的合作。该项目以竞争前技术和高风险、收益期长的技术为研究重点。PF 项目包括三类，第一类 PF 从事基础研究，这类项目主要针对大学和公共研究机构。第二类 PF 为公共机构提供长期计划和管理所需要的信息和知识，进而提高公共服务的质量。第三类 PF 主要实现技术开发过程。国家技术开发重点领域包括食品、医疗、环境、先进技术和能源。企业作为项目成员主要局限于第三种 PF。这些 PF 为中小企业提供了参与高技术项目的机会，有效地促进了企业和大学之间的合作。1995 年，意大利颁布法律将 5% 的预算

---

① Maria Rosa Battaggion and Patrizia Bussoli. Italian Policy Regarding Cooperative R&D, in: Yannis Caloghirou, Stavros Ioannides and Nicholas S. Vonortas, eds. European Collaboration in Research and Development, 2004: 253.

分配给 CNR、ENEA① 和 FRA，目的在于促进企业、大学和研究中心之间的合作。

意大利的企业是欧盟合作研发项目的积极参与主体，10% 以上的工业研究投入是通过国际合作项目实现的，而这些合作项目的 2/3 享受政府补贴。② 来自欧盟的基金是意大利企业研发资金的第三大来源，仅次于 FRA 和 FRT。③

意大利的地区项目也为合作研发提供了有力的制度保障。在伦巴第大区，政府颁布法律（34/1982）为中小企业与专业研究中心之间的研发合作提供财政支持。特伦托自治省也颁布法律促进工业与大学之间的合作。④

4. 芬兰、瑞典的合作研发

第二次世界大战结束以后，所有北欧国家在制定宏观经济政策时都将目标指向本国的经济发展。北欧国家于 20 世纪 90 年代所采取的各类政策均为其技术经济的发展带来了正面影响，其中包括促进竞争、鼓励企业间的合作、消除税收扭曲和各类壁垒，以及促进对技术创新类基础设施的投资等。此外，北欧国家的教育开支高昂，大学毕业生所占比例居全世界同等年龄人口之首，其人口平均受教育期限也明显高于经合组织成员国的平均水平。瑞典和芬兰的课程设置更倾向于理工科，使其在扩展信息与通信技术部门时拥有了很大程度的优势。

在芬兰科技创新体系中，企业是核心。而企业、高等院校和科研机构形成产学研三位一体是芬兰技术创新机制的突出特点。据统计，在芬兰，与高等院校、研究机构有合作项目的企业约占 50%，大大高于欧洲其他国家。芬兰政府通过对学校、科研机构和企业产业链进行全面的经济支持，获得了对产业的充分调控权。作为高科技产业的重要投资方，芬兰政府绝对不会对产业发展进行过度干预。

---

① ENEA（The Ente per la Nuove Tecnologie, l'Energia e l'Ambiente）即意大利新技术、能源和环境厅，是意大利的国家研发机构；FRA（Fondo Speciale per la Ricerca Applicata）是促进应用研究和技术扩散的特殊基金。

② G. Antonel. Malaman in La Trasformazione Difficile, Sesto Rapporto CER – IRS, 1993.

③ FRT（Fondo Speciale Rotativo per l'Innovazione Tecnologica）是为促进技术进步的特殊基金。

④ Richard R. Nelson. National Innovation Systems：A Comparative Study. New York：Oxford University Press, 1993.

芬兰技术发展中心组织实施的国家技术计划是芬兰最重要的科技计划。企业的项目必须找大学或研究机构作为伙伴才能得到资助，而大学、研究所的项目也必须有企业作为伙伴才能得到支持。芬兰高校和研究机构里有一半以上的教授以不同形式参与了科技成果转化的经营活动和技术咨询。[①]

瑞典的创新体系与其他北欧国家有所不同。在瑞典的研发领域中，几个有着强大研发投入的大跨国公司一直居于主导地位。瑞典整个国家的研发投入占 GDP 的 4%，少数几个跨国大公司就占 3% 以上。瑞典国家创新局[②]（简称 VINNOVA）是代表瑞典政府构建创新体制的具体执行者，VIN-NOVA 积极将大学和科研机构的基础科学研究与一些商业化项目进行联结，使他们的研究成果能够获得充足的产业化和商品化的资金。同时，政府从政策上支持和促进大学、研究所与企业之间的合作，并且明确要求那些受其资助[③]的大学科研项目必须联合一家企业共同研发，以此来促进 RJV 的发展。

1993 年，瑞典工业与技术发展局为促进科技与企业结合发挥大学—企业界相互作用、促进技术创新和产业化推出了"能力中心计划"。能力中心为一个开放的研究开发和技术转移网络。每个中心往往包括一所大学的多个系和多个企业，依托于一所大学，但并不编入大学的组织机构之中。能力中心一般有两种组织形式：一种是独立的实体；另一种是设在系里的一个专门单位，但财务分开并由董事会独立管理。董事会成员由政府机构、企业和大学的代表组成，董事会主席和成员多数为企业代表。能力中心由政府、大学和企业共同投入，同时规定企业的投入应不低于政府的投入。而企业可以以多种方式直接介入能力中心的工作。能力中心人员实行双向流动，即大学的研究人员可以到企业去工作，企业人员也可以参与能力中心的研究。企业还提供专门的仪器设备供能力中心使用。能力中心的运行依据能力中心协议书进

---

① 孙福全、陈宝明、王文岩：《主要发达国家的产学研合作创新——基本经验及启示》，北京：经济管理出版社，2007 年版。

② The Swedish Governmental Agency for Innovation Systems.

③ 瑞典政府从产业和社会利益角度对学校和科研机构提出的研发项目进行评估，然后决定资金的授予对象。

行。协议书对大学、政府和各个企业的责任和义务做出了明确的规定，包括能力中心的租金、运行和项目资助等。所有参加的企业都有权免费使用全部的项目成果，而不限于使用以自己为主研究的成果。能力中心计划采用滚动发展模式。1997～1998 年，国际评估小组对瑞典的 28 个能力中心进行了首次评估，结果十分理想，决定启动第二阶段。目前，国际评估小组正在对 28 个能力中心进行中期评估。进入 21 世纪以来，瑞典启动了新一代能力中心建设计划，定名为优秀中心计划。新的优秀中心作为企业界和公共部门的共同资源，为有关的大学优势领域提供优越的研发环境。优秀中心建设的主要特点包括：建立多学科的，企业、公共管理部门、大学和研究所之间密切合作的伙伴关系；优秀中心设在大学，形成长期伙伴关系，进行分阶段的评估；企业界、公共管理机构、大学和瑞典工业与技术发展局长期共同资助；中心活动由管理委员会和执行经理负责，以确保企业界和公共管理部门需要的研究方向。

根据 2004～2006 年的项目建议，瑞典计划建立 25 个新的优秀中心，共投资约 1.6 亿欧元，同时要求企业界、主持项目的大学和有关机构各投入不少于这一数额的资金，从而使项目的建设经费总额达到 4.3 亿～5.4 亿欧元。新的优秀中心主要集中于瑞典六大战略性领域：劳动生活开发、生物技术、信息与通信技术、制造业与材料、服务业与 IT 应用、运输。能力中心将政府、研究开发机构和企业的资源组成一个紧密的网络，促进了政府、研究机构和企业的紧密结合，实现了科技创新资源的优化流动和配置，提高了企业技术创新和产业化的能力。[①]

四、欧洲各国国家能力的体现

欧洲促进 RJV 发展的两个主要项目是框架项目（Framework Programme）和 EUREKA。欧洲 RJV 的发展动力在很大程度上源于美国和日本在高技术领域的突破。首轮框架项目（FWP）起初以企业合作为主，逐步将大学和研究机构囊括进来。欧委会为企业提供合作研究成本的 50%。RJV 的成员数量多为 6～10 个。F－U－R 型的合作形式数量最多，但 77%

---

① 孙福全、陈宝明、王文岩：《主要发达国家的产学研合作创新——基本经验及启示》，北京：经济管理出版社，2007 年版。

的 RJV 包括至少两个企业成员。EU‒RJV 的成员主体中，企业总数占61％。EUREKA 为其项目制定了详细的要求。41％ 的 EUREKA‒RJV 中企业是唯一的成员类型，企业成员在全部 RJV 成员实体中占76％。FWP 和 EUREKA 之前形成了一定的互补作用。

英国 RJV 的发展主要以参与框架项目和 EUREKA 项目为主。这种情况源于英国的科技发展重点和发展环境的制约。首先，英国十分强调对生物科学的研发。以生命科学为基础的产业比那些以物理学为基础的产业更加容易创新和申请专利；其次，研发外包数量不断增加，降低了 RJV 的形成动机。在英国，许多本应由合作研发完成的竞争前研发项目都外包给了大学或专业研发公司进行研发。最后，研发的国际化路径在一定程度上取代了国内合作研发的需求。[①] 虽然英国对 RJV 的支持力度并不显著，但其相关的制度设计却非常严谨，并具有很强的针对性，这种能力集中体现在国家对合作项目的管理和监督方式上。

英国的国家"认知能力"较强，早在 1983 年就出现了致力于促进合作研发的重大项目，即 Alvey 计划，其很大程度上也源于日本研发政策给英国带来的压力。由于英国的合作研发项目起步较早，其在诸多细节方面都发展得较为完善，例如，其实行的科技决策咨询制度、技术转让政策、对中小企业的支持政策等。Alvey 计划是欧洲国家支持合作研发的典范，其提出的企业、大学和政府之间合作的理念在一定程度上影响了欧洲合作研发的发展。其"实现能力"还体现在其对项目的管理和监督上。ATP 与 LINK 项目各有分工，ATP 主要用来促进企业之间的合作，而 LINK 则重点促进学术界与产业界的合作。LINK 项目与中国的产学研合作项目目的相似，即支持工商业部门与科学基础之间的合作。然而，英国的 LINK 项目主要支持生物系统中的新功能研究以期获得医疗领域的应用。每个项目至少要有一家企业和一所研究机构才能申请。同时，英国政府在贸易产业部特设的理事会专门组织和管理企业部门之间的合作，并有学术界的三个主要机构对其进行独立评估。

---

① Jeremy Howells. Research and Technology Outsourcing. Technology Analysis & Strategic Management, 1999（11）：17‒29.

法国的国家能力突出体现在两个方面：首先，法国积极参与 FWP 和 EUREKA 项目中 RJV 合作项目；其次，法国制定了切实的政策来激励实体型合作的发展。FRT 中有 56% 的资金用于促进技术创新和研究网络的构建，其目的在于促进公共机构与企业研究实验室在新技术领域加强合作，同时鼓励新企业的成立。同时，法国政府鼓励大学和研究机构共同参与创立企业。法国允许高校研究机构以协会或建立股份有限公司的形式，并组织专业化队伍推广成果；意大利的"认知"能力和"决策"能力突出体现在其对竞争前技术研发和特定创新合作模式的支持上。"国家研究与培养计划"支持的技术往往是风险较高的行业共性技术，且重点支持的企业、国家研究机构和大学必须通过参加以工业企业为主构成的创新联合体（又称"康采恩"）才能获得资金支持。国家研究中心 PF 项目的分类十分详细，其中专门包括对基础研究的支持。意大利将基础研究和企业的参与作为 RJV 发展的定位，利用相关的制度内容充分发挥了 RJV 的组织优势；芬兰在促进合作研发的过程中尤其注重企业的作用，企业的参与度很高。与高等院校、研究机构有合作项目的企业约占 50%，大大高于欧洲其他国家。国家构建的企业、大学和研究机构三位一体的合作模式是芬兰技术创新体系的重要特点；瑞典政府设立的能力中心和优秀中心有效地促进了不同研发实体之间的合作，RJV 是其支持的重点并接受定期的阶段性评估。

从整体来讲，欧洲大陆国家已经通过框架项目和 EUREKA 将欧洲各国的研发资源充分连接了起来，为欧洲 RJV 的发展提供了一个庞大的资源共享和研发合作平台。而在这个重要的体系下，法国、意大利等国家根据各自的特征制定了相应的 RJV 发展战略，突出体现了这些国家对企业核心作用的"认知"能力和"实现"能力以及对实体型合作体（即 RJV）的"选择"能力。其有效的激励机制使欧洲国家的企业参与组建 RJV 的动机更高。欧洲企业参与 RJV 的平台很多，企业可以根据其规模、领域以及能力从框架项目、EUREKA 以及各国的特色项目中选择适合自身的合作方式。欧洲大陆为 RJV 提供的多层次发展平台以及灵活的选择空间对于欧洲大陆的企业等研发主体来说是不可多得的发展机遇。进而我们也不难看到，RJV 已经成为整个欧洲大陆国家的一种"习惯性"研发选择。

第四节 澳大利亚 CRC 的发展与
国家能力的体现

澳大利亚的经济很大程度上依赖中小企业和服务业的发展，合作是向这些企业提供研发支持的重要途径。澳大利亚的人口总数仅占全世界的 0.32%，其研究论文的发表量占世界的 3%。合作研发可以将研究供应方与研究的终端用户①连接起来、鼓励技术和知识的转移，并促进创新思维向产品和服务的植入。在澳大利亚，合作研究中心（CRC）是类似于 RJV 的重要合作创新模式。

一、CRC 的发展模式和组织特征

CRC（Cooperative Research Center）是由企业和研究者合作形成的公司，它包括私人机构（大企业和小企业）、工业协会、大学和政府研究组织（如联邦科学与工业研究组织，Commonwealth Scientific and Industrial Research Organisation，CSIRO），以及其他终端用户。② 2008 年的 CRC 项目评估报告③提出了对 CRC 的两种界定方法，一种界定方法是"以终端用户为中心的研究型合资企业（Research Joint Venture）"，其合作伙伴利用各自投入的资源以及政府通过 CRC 项目提供的帮助、为一个互惠目标而共同努力；另一种界定方法是"以商业化和应用性研究为重点的独立研究组织"，该组织由公共合作伙伴、私人合作伙伴以及 CRC 项目资金共同资助完成。该报告建议澳大利亚采纳第一种界定方法。

---

① 终端用户指使用 CRC 研发成果的个人、组织、企业或群体。该界定引自 Agreement between the Commonwealth of Australia and the Cooperative Research Centre，p. 5。

② 该定义取自澳大利亚 CRC 官方网站，网址：http：//www.crc.gov.au/Information/default.aspx。

③ Collaborating to a Purpose - Review of the Cooperative Research Centres Program July，2008：36。

表4-9　目前澳大利亚49个CRC的分布情况

CRC 的部门	CRC 数量
制造业技术	7
信息与交流技术	5
矿业与能源	4
农业与农村制造业	14
环境	11
医药科学与技术	8

CRC项目自1991年启动以来共有10轮筛选，先后有168个CRC成立。筛选程序分别在1991年3月、1991年12月、1992年12月、1994年12月进行，并于此后每两年进行一次。经过批准后的CRC需要与澳大利亚政府签订正式协议。

CRC项目的目标是"支持以终端用户为驱动并建立于终端用户与公共资助研究者之间的研究合作关系，进而应对那些需要中长期合作投入的关键性重要挑战，最终给澳大利亚带来重大经济、环境和社会效益"。[①]

CRC项目将研究者与工业连接起来，将研发投入着眼于技术成果的应用与商业化过程。该项目的一个特点是技术的研发方与使用方之间的紧密联系，另一个特点是工业组织通过CRC教育项目培养了一些适应行业需求的毕业生（Industry - ready Graduates）。

自CRC项目运行以来，所有成员共向CRC投入了123亿多澳元的资金与非现金资本，其中包括CRC项目30亿澳元、大学31亿澳元、工业25亿澳元和"科工组织"（CSIRO）12亿澳元的投入。

DIISR（创新、工业、科学与研究部）部长总体负责CRC项目的运行，并指派CRC委员会对CRC的筛选、评估以及资助条件等问题进行商讨。CRC委员会最多不超过14名委员，其中包括由部长提名、任期不超过5年的独立主席一位、独立委员9位，以及当然成员4位（Ex - officio members）。委员会成员的专业领域涉及研究、教育、应用、研究管理、工业以及其他终

---

① 早期的项目指南强调竞争前技术的战略性研究和可以直接应用或商业化的短期研究，近期则主要突出强调研发结果的直接利用与商业化问题。

端用户，并从负责创新研究的工业领域、研究供应方，以及澳大利亚的政府部门中选拔而出。CRC 委员会在以下几个方面提出建议：

- CRC 资金的申请。
- 单个 CRC 在经营期内的绩效、监控以及审查。
- CRC 项目的规划、监控和评估。

申请建立 CRC 的一个重要条件是其核心成员中至少要包括一所澳大利亚利的大学（或者与大学有紧密联系的研究院所）和一个私人部门。大学必须为 CRC 的相关博士生提供专业指导，CRC 为导师提供指导经费。CRC 项目对于每个 CRC 的研发领域没有特殊限定，但是要求每一个 CRC 必须包含一定自然科学或工程方面的研究。申请书中必须包括研发内容、商业化和应用活动，以及教育与培训活动（包括博士生项目）。CRC 接受资助的时间最多 7 年，组成成员为 CRC 投入的总体资金和非现金资本不能低于项目对 CRC 运行期间的总资助金额。DIISR 部长在结合 CRC 委员会的意见以后决定收否批准该 CRC 成立及其受资助条件。在每个 CRC 资助到期之际，参与成员可以选择：在没有 CRC 项目资助的前提下继续运营（Spin-off Companies）、终止该 CRC，或者重新招标申请资助。

CRC 项目最重要的资助方是 CSRIO① （10.97 亿澳元，其中包括非现金资本投入 10.8 亿澳元和现金投入 0.17 亿澳元），其次是昆士兰大学（2.88 亿澳元，参与 59 个 CRC）、墨尔本大学（2.75 亿澳元，参与 39 个 CRC）、莫纳什大学（2.2 亿澳元，参与 42 个 CRC）。对 CRC 项目投入排名前十的投资主体中包括 8 所大学，大学比 CSIRO 投入的资金比例更高，新南威尔士大学投入资金 0.28 亿澳元、莫纳什大学 0.25 亿澳元、墨尔本大学 0.21 亿澳元、昆士兰大学 0.19 亿澳元。

工业主体是该项目的重要投资主体，尤其在农业部门和采矿部门。其中最大的两个现金投资主体是 GRDC 和 AMIRA。GRDC（谷物研究与开发公司，Grains Research and Development Corporation）参与了 13 个 CRC 并提供了 0.52 亿澳元现金投入和 0.27 亿澳元非现金投入。AMIRA International

---

① CSIRO 是由澳大利亚政府资助的研究机构，先后参与了 122 个 CRC，其通常只提供非现金投入。

Ltd[①]参与了7个CRC并提供了0.43亿澳元现金投入和0.02亿澳元非现金投入。此外，还有一些农业领域的研发公司（Research and Development Corporation，RDC）也起到了重要作用，如棉制品RDC（0.31亿澳元现金投入、0.04亿澳元非现金投入，参与3个CRC）、澳大利亚肉类与家畜有限公司（0.29亿澳元现金投入、0.06亿澳元非现金投入，参与9个CRC）、葡萄和酒业RDC（0.2亿澳元现金投入，参与1个CRC）、澳大利亚羊毛创新有限公司（0.18亿澳元现金投入、0.07亿澳元非现金投入，参与4个CRC）、渔业RDC（0.18亿澳元现金投入、0.02亿澳元非现金投入、参与2个CRC）、澳大利亚乳业有限公司（0.16亿澳元现金投入、0.05亿澳元非现金投入，参与5个CRC）。

澳大利亚约有270个大型企业（Large Enterprises，LE）是CRC的成员之一，占2007年6月统计[②]的5900个大型企业（有200名及以上员工的公司）的5%，这些参与CRC的LE中有约1/3的企业对其CRC有0.01亿澳元以上的现金投入。相比之下，在澳大利亚的834000[③]家中小企业中，仅有约300家中小企业（SMEs）以成员身份参与CRC，其中约40家有0.01亿澳元以上的现金投入。

澳州政府部门也是该项目的重要投资主体，新南威尔士州、西澳以及昆士兰州的主要工业部门分别投入1亿澳元以上的资本。其中重要的两个政府CRC成员包括澳大利亚地球科学局（Geoscience Australia）和澳大利亚环境、水源、古迹及艺术部下属的澳大利亚南极司（Australian Antarctic Division of DEWHA[④]），各投入0.7亿澳元以上资本。

此外，最初的项目指南中还肯定了研究活动中国际合作的重要性，并指出如果国际合作伙伴可以对澳大利亚的工业活动有所投入，则国际成员可以作为成员加入CRC。

---

① AMIRA国际有限公司是一个由众多矿业公司组成的独立协会，促进和代理合作研究项目。不同矿业公司共同出资进行合作研发并分享收益，AMIRA用该资金聘请世界顶尖级研究人员解决行业共同问题，并进行相关可持续发展研究。

② 澳大利亚统计局（ABS），8165.0——Counts of Australian Businesses，Including Entries and Exits，June 2003 to June 2007。

③ 其中雇员在20~200人的企业有78300家。

④ DEWHA：Department of the Environment，Water，Heritage and the Arts.

二、CRC 的形成动机和经济绩效

合作研发活动的终端用户可以通过参与组建 CRC 而获得重大收益。终端用户每投入 1 澳元单位的现金资本和非现金资本，由政府（通过 CRC 项目资金）、研发供方（Research Provider，包括 CSIRO 和大学）以及其他主体（如州政府）所提供的现金及非现金资本投入都要高于 1.5 澳元。企业参与组建 CRC 可以给自身带来一系列优势，包括：了解最前沿技术发展状态；通过非正式途径咨询研发的相关问题；影响某种需求技术的发展；分享公共部门的研发能力；分摊风险；通过展开培训项目丰富员工的学习经验等。CRC 项目是澳大利亚的大学可以申请的最大的研究资助项目。同时，CRC 是博士生奖学金和研究辅导资助的重要来源。大学之间一度为了加入 CRC 而进行激烈竞争。

根据 2005 年和 2006 年的两项研究结果[1]以及生产委员会（Productivity Commission）的报告，CRC 项目达到了初始目标，实现了纳税人资金的价值。

从理论上讲，政府对 CRC 的支出与养老金和失业津贴等政府转移支付不同。政府对 CRC 的支出可以为经济带来超出简单支出效应的正经济绩效，CRC 的研发成果可以提高现有产业的生产力、推动新兴产业的发展、改善环境和医疗状况等，这些效应能提高 GDP 指数，进而提高实际消费水平。因此，政府对 CRC 的支出实际上不仅仅可以带来类同其他政府支付一样的简单支出效应，还可以带来深层次的投资效应。

2006 年 10 月公布的 CRC 项目经济效应研究[2]提出了 CRC 项目为澳大利亚带来投资效应的三个途径：

1. 对 CRC 的研发成果/IP 的应用

（1）通过建立衍生企业（Spin-off Companies）或向现有企业许可 IP 使

---

[1]　Allen Consulting Group, The Economic Impact of Cooperative Research Centres in Australia—Delivering Benefits for Australia, A Report for the Cooperative Research Centres Association Inc, December 2005; and Insight Economics 2006, Economic Impact Study of the CRC Programme, Prepared for the Department of Education, Science and Training, Insight Economics, Melbourne.

[2]　Insight Economics 2006, Economic Impact Study of the CRC Programme, Prepared for the Department of Education, Science and Training, Insight Economics, Melbourne.

CRC 的研发成果成功实现商业化。由此获得的效益包括：（用来将 CRC 成果商业化的）衍生企业的当期市值（Current Market Value）；衍生企业的营业额；衍生企业内部的雇佣水平（Level of Employment）；通过对 CRC 研发成果进行销售或知识产权许可而回流到公共研究机构的澳元价值；企业在许可的 CRC 知识产权基础上进一步研发后的产品销售收入。[①]

（2）行业或公共部门的终端用户成功实现 CRC 研发成果的应用价值（进而产生经济、环境、健康和社会收益）。这些基于"应用"基础之上的具体效应包括：吸收和采纳 CRC 研发的新知识、新产品或新工艺有益于终端用户经济绩效的提高；CRC 研发成果的吸收和采纳有益于减轻政府在健康、社会保障以及国防方面的预算压力；CRC 研发成果的应用有益于降低工业和农业生产所带来的环境影响；CRC 研发有益于终端用户规避或降低风险；CRC 的研发成果有益于人类健康状况的改善。[②]

2. 对国际知识网络的利用

其中包括：国际研究人员为 CRC 工作，带来有价值的技术和知识；CRC 研究人员参与国际研究合作项目给澳大利亚带来的研究价值；CRC 参与国际技术标准的设定为澳大利亚带来适合自身市场需求的技术标准。

3. 对技能形成的促进

主要指 CRC 对专业研究人员、硕士和博士研究生的能力培养为未来的技术研发奠定基础，同时有益于吸引跨国公司来澳大利亚投资。

该研究基于 2005 年的 CRC 效应评估研究，[③] 根据 MMRF[④] 模型为 CRC 项目设计了三个经济建模方案，分别计算 CRC 项目的"支出"效应（"Expenditure" Effects）和"投资"效应（"Investment" Effects），并将这些效应从"无 CRC 项目"[⑤] 时的经济状况中移除，最终根据几个主要经济指标（如 GDP、消费和投资）证实了澳大利亚投资 CRC 项目的合理性。

---

① 《CRC 项目经济效应研究（2006）》，第 12 页。
② 《CRC 项目经济效应研究（2006）》，第 16 页。
③ Allen Consulting Group. The Economic Impact of Cooperative Research Centres in Australia——Delivering Benefits for Australia, A Report for the Cooperative Research Centres Association Inc, December 2005.
④ MONASH, Multi – Regional Forecasting (MMRF) Model：莫纳什多区域预测模型。
⑤ 在这种状况下，政府原本用来资助 CRC 项目的钱用来等数量降低纳税人税款。

研究的最终结果表明，对于政府向 CRC 项目投资的每 1 澳元而言（而不是通过减少税收的方式留给纳税人）：澳大利亚国内生产总值（GDP）累计高出 1.16 澳元；澳大利亚总消费高出 1.24 澳元（私人消费高出 0.10 澳元，公共消费高出 1.14 澳元）；总投资高出 0.19 澳元。

该研究同时指出两个问题：①CRC 项目的可量化收益中最终的途径是通过终端用户对研发成果的应用而不是直接的商业化过程（建立衍生企业和许可）。②CRC 建立与其形成最终可量效应之间的时差（Time Lags）仍然很长，通常为 5 ~ 10 年。

三、澳大利亚国家能力的体现

澳大利亚政府一直以来都在积极促进创新体系中合作关系的建立。自 20 世纪 80 年代以来，联邦政府始终大力支持合作研发以促进高风险项目的开发，引入了多种合作项目，例如，CSIRO 国家研究旗舰（National Research Flagships）、ARC CoE（Centres of Excellence）、ARC LG（Linkage Grants）以及 NHMRC Partnership for Better Health Grants。除此以外，还有一系列州级政府项目加以补充。CRC 项目主要资助以终端用户为驱动的大型竞争前合作研究，该项目着眼于形成比较大型的研发中心，通过建立公共部门研发供方与私人部门终端用户之间得关联来解决终端用户的研发难点问题；CSIRO 国家研究旗舰的研发着眼点在于国家级挑战项目，该项目虽然得到了澳大利亚创新体系中不同主体的合力投入，但其主要还是依靠 CSIRO 自身的研发能力完成；ARC LG 主要通过建立研发供方与终端用户之间相对小规模的双边合作关系来解决某个特定问题（以资助大学与终端用户之间的合作关系为主）；ARC CoE 以某个研究领域为中心而不是着眼于终端用户提出的研究内容，成员中也不必一定有终端用户参与。

澳大利亚 RJV 的发展以 CRC 为主要形式，也是一个多元化的合作模式，澳大利亚官方机构采纳 RJV 的定义来规范 CRC 的内涵。CRC 分布较为密集的领域包括农业、环境和医药。参与 CRC 的企业中大企业所占的比例较大，中小企业的参与程度不高，这与美国 RJV 的初期发展状况相似。澳大利亚国家能力突出体现在以下几个方面：

（1）制度设计较为细致和完善，具有较强的针对性。澳大利亚为 CRC

的发展制定了严格而详细的规定。其中，申请建立 CRC 的一个重要条件是其核心成员中至少要包括一所澳大利亚的大学（或者与大学有紧密联系的研究院所）和至少一个私人部门。这与英国的 LINK 项目相似。澳大利亚的大学为 CRC 投入的资金比例很高，仅次于国家的项目资助。DIISR（创新、工业、科学与研究部）部长总体负责 CRC 项目的运行，并指派 CRC 委员会对 CRC 的筛选、评估以及资助条件等问题进行商讨。

（2）澳大利亚对 CRC 绩效的评估非常及时和正规，这体现了国家较强的反思能力。专业的评估机构可以将 CRC 带来的经济绩效通过模型研究细化到其对 GDP 的影响，并通过评估提出 CRC 发展中所存在的具体问题。例如，澳大利亚统计局最新的研究表明，澳大利亚的创新型企业与其他企业合作的趋势较强，然而这些企业中仅有 3% 愿意与政府部门合作，2% 愿意与高校研究机构合作。澳大利亚仍然需要 CRC 这样的项目通过建立企业的方式将公共部门的研发能力与其潜在的应用性质连接起来。虽然澳大利亚已经有 570 个企业参与组建了 CRC，然而这仅占企业总数中的一小部分，政府对合作研发的资助力度仍然不强。CRC 项目评估报告①（2008）指出，澳大利亚联邦政府、研究供应方和终端用户三者对 CRC 的投入比例目前并不是最为有效的，终端用户的资金投入比例应该有所增加（报告建议至少占总资金投入的 50%）。美国、挪威、瑞典、芬兰和法国等国家要求工业用户的投入不得低于总项目资金的 50%。报告还指出，将研发成果的 IP 商业化是研发供应方的重要收入来源，然而 CRC 的情况并不乐观。CRC 的 IP 商业化能力不强，从咨询等其他来源获得的资金也十分有限，不足以用来支持 CRC 资助其后的独立运营活动。CRC 成员很难就 IP 达成协议，其原因包括：大学和政府研究机构对 CRC 的 IP 有不切实际的期望；许多 CRC 认为 CRC 本身应该是 CRC 所属 IP 的商业化主体。报告提出，CRC 成员应该在 CRC 成立初期将工业合作伙伴或终端用户确立为将 IP 商业化的主体，并公平合理地确定与研发供方之间的收益分配原则。这些及时而务实的评估对于 CRC 的发展和完善十分有利，是国家能力的一种突出表现。

① Collaborating to a Purpose—Review of the Cooperative Research Centres Program, July 2008.

四、本章结论　促进 RJV 发展的国家能力——共性与差异

实际上，我们很难将从"认知"到"反思"的国家能力中的任何一个独立出来，因为"认知"、"决策"、"实现"和"反思"的效果之间是存在相关性的。"决策"的合理性在一定程度上要取决于"认知"的程度和合理性，"实现"能力的发挥要基于"认知"和"决策"的结论，"反思"的效果又会受到前几种能力的影响。因此，对于 RJV 发展得较为理想的发达国家来说，国家体现的是综合的国家能力，但同时可能在某些方面表现得更为突出。通过上述研究和比较，我们可以发现，不同国家的国家能力的发挥存在如下相似之处：

首先，无论是"初始"认知，还是"反应"认知，这些国家都认识到了"整合技术资源"的重要性，并对各自的优势和国情做出了深入的判断。即这些国家无论是出于自身发展的需要还是竞争压力，都意识到了合作研发的重要性。例如，美国意识到其《反垄断法》已经在一定程度上限制了合作研发的发展；英国认识到其对生物和医药领域研究的相对优势；日本很早就意识到了信息技术对未来经济的影响；欧盟对构建一个欧洲范围内的庞大技术网络的认知等。

其次，选择 RJV 这种实体型合作模式作为促进合作研发的重要组织选择，且企业是 RJV 的重要成员。我们发现，在发达国家构建的技术创新体系中，作为实体型合作模式的 RJV 是各国制度体系中的一个重要分支。虽然具体的名称不同，但都具备我们对 RJV 的界定方式，有别于松散的合作联盟。且各国对企业的主导作用都尤为重视，无论是源于企业自身的动机还是国家的激励，企业在 RJV 中无论从数量还是从投入的资金方面都占有重要地位。

再次，促进 RJV 发展的"实现"能力较强。激励、管理和监督机制是本书提出的、体现国家"实现"能力的三个维度，而这些在上述发达国家都有不同程度的体现。发达国家对于 RJV 的激励主要是通过项目资助的方式实现的，同时还设立专门的机构对 RJV 的申请和运行进行管理，并且十分重视对合作绩效的监督。虽然不同国家在不同维度上的比较各有特点，但其整体上都形成了一个有利于目标"实现"的制度体系，这些制度的目

的性和可操作性较强，加之发达国家企业自身的发展也比较成熟，进而不同研发主体得到了有效的激励，RJV 在多数情况下也实现了国家预期的绩效。

最后，在不同程度上体现了国家的"反思"能力。例如，美国不断修改其相关法案，为更好地促进合作研发和 RJV 的发展；澳大利亚十分重视评估机构对 CRC 的绩效评价。

除了上述有关国家能力的共性，不同国家在促进 RJV 的发展过程中也有各自的显著特征。

在日本，国家整体对 RJV 的发展起到了更加主导性的作用，对参与重要 RJV 的企业进行严格的挑选，可能还会对一些动机不足的企业施加压力，以形成最佳的合作成员组合对特定目标进行集中研发。对于实验室的选择也在国家的监管下进行合理细分，且研究内容十分清晰，以求通过最为有效的研发分工来降低研发的时间成本。同时，日本的金融业、银行业等投资主体都会积极配合国家的政策导向，为 RJV 提供无息"津贴贷款"，而这种"贷款"在一些情况下无异于政府的直接资助。此外，国家对 RJV 运行中可能出现的机会主义行为进行严格的监控，对运行绩效进行评估。我们不能说日本的国家能力因此而表现得强大，但通过日本 20 世纪半导体技术的迅猛发展及其给美国和欧洲国家带来的巨大压力来看，日本在这段特定历史时期所体现的"认知"能力和"实现"能力较强，这些国家行为体现了日本国内资源的整体网络性以及其对本国资源较强的控制力。后期日本开始广泛促进各个领域 RJV 的发展，将这种组织优势从 VLSI 扩展到社会更加广泛的领域。

美国的各类法案对其 RJV 的发展至关重要。相比之下，其对 RJV 的监管力度不及日本，采取了较为宽松和自由的模式。美国所选择的从法律角度对 RJV 进行保护和支持的路径与其较为健全的企业制度和较高的合作动机是相符合的。这种制度基础在重视公平竞争的市场环境中是十分有效的，极大地提高了 RJV 的形成动机，是一种十分有效的激励措施，体现了国家的"实现"能力。

欧洲大陆 RJV 的发展主要依靠欧洲国家共同建立的框架（FWP）项目和 EUREKA 项目，同时，各国也都有各自用来促进合作研发的项目。英国是最早意识到并积极参与合作研发活动中的欧洲国家。英国最为突出的一个特征即其构建了一个简单而清晰的制度框架和定位。英国的国家能力突出体现在"认知"能力和"决策"能力上，其将合作项目和伙伴定位在框架项目和 EUREKA 上，而国内的 ATP 和 LINK 项目则具有较强的针对性，ATP 主要用来促进企业之间的合作，LINK 则重点促进学术界与产业界的合作，且主要支持生物系统中的新功能研究以期获得医疗领域的应用。由于英国重点研究领域的特征，这种选择对于英国的发展较为合理。理性的制度选择和对 RJV 项目的有效规制使英国在医药和生物领域的研究水平处于世界领先地位。欧洲国家的这些国内的项目为其 RJV 的发展提供了不同层面和角度的合作平台，对 FWP 和 EUREKA 起到了很好的补充作用。

澳大利亚国家能力的突出表现是其较强的"反思"能力。国家对 CRC 的经济绩效给予了高度的关注，评估机构对 CRC 绩效的评价是国家进行反思和再决策的重要参考。DIISR 部长总体负责 CRC 项目的运行，从管理学的视角看，这种机制有利于降低决策传递的时间成本，有利于国家及时对不合理的制度内容进行调整。

与美国相比，英国和澳大利亚对 RJV/CRC 运行的监督力度较大，英国政府在贸易产业部特设的理事会专门组织和管理企业部门之间的合作，并有学术界的三个主要机构对其进行独立评估。澳大利亚的统计局和项目评估机构对 CRC 的发展给予了高度的关注。

通过上述分析和比较我们可以看到，虽然不同国家的国家能力在不同层面上的体现各有不同，但最终对各国合作研发绩效和经济发展的影响却是显著的。对于中国 RJV 的发展，我们可以借鉴发达国家的发展路径，并结合国情选择一条适合中国发展的制度选择。在此过程中，中国需要充分发挥其各个层面的国家能力。从"认知"到"反思"，RJV 是否能给中国经济带来新的发展机遇可能需要国家能力的提高或重塑。

第五章　研究型合资企业在中国的
　　　　发展与国家能力的重塑

　　中国的合作研发活动以"产学研"合作形式为主,"产学研"合作包括很多具体的形式。这些形式都可以在一定程度上促进技术成果在不同主体之间的分享和转移,并从不同角度整合研发资源、提高研发效率。本书的研究重点是中国产学研合作中的一种特殊的合作模式。这种模式目前在发达国家通常被界定为研究型合资企业,即 RJV (Research Joint Venture)。已有大量的国外学者从不同视角对 RJV 进行了研究,其中包括 RJV 的形成动机、组织优势、经济绩效,以及政府的促进措施等,RJV 的相关数据库也纷纷建立。RJV 有别于其他合作研发模式的一个重要特点是其"实体"性质,即 RJV 是由企业、大学、国家实验室等不同研发主体共同投资组建的实体。发达国家的 RJV 具备两个典型的特征:①RJV 的运行基于企业的运营特征,有较为完善的激励、管理和监督机制。②每个 RJV 的组成成员中以企业为主,通常都有两个以上的企业。发达国家对 RJV 经济绩效的认可以及学者们对其进行的理论和经验论证使我们渐渐提高了对它的关注程度。而在中国市场经济逐步走向完善的过程中,RJV 如"时代产物"般的形象脱颖而出。良好的"市场机制"即是有利于 RJV 发展的基础和前提,又是我们需要突破的、由制度环境滞后所带来的重要"瓶颈"。本章将基于作者构建的国家能力分析框架来探讨中国为合作研发所提供的制度环境以及 RJV 在中国发展的合理性和可行路径。

第一节　中国合作研发的发展现状和制度环境：一种认知能力

国家的"认知"能力不仅在于能否看到所存在的问题，而更重要的是看到问题的本质、找到问题产生的根源，是制度问题、组织选择问题，还是发展环境问题？对问题的理性分析和认知能力是正确解决问题的前提。我国企业多年来始终致力于提升自身的自主研发能力。2009 年的《中国企业自主创新评价报告》指出，"自主"重在"主"而不是"自"，企业自主研发应由企业主导研发，而不是由企业独立完成。[①] 而作者要进一步深入强调的是"企业主导"在合作研发中的含义，即企业应该在合作研发的成员中占主体地位。中国的合作研发有其自身的特点，也受到一定制度环境的影响。对这些问题的分析可以帮助我们更好地选择合作研发的有效发展路径。

一、中国合作研发的发展现状和特征：理念的统一与国际化趋势

有学者将中国的"产学研"合作模式归纳为以下几种：技术转让、委托研究、联合攻关、内部一体化、共建科研基地、组建研发实体、人才联合培养与人才交流、产业技术联盟等。[②] 而本书着重研究其中的"组建研发实体"模式，这种模式与发达国家 RJV/CRC 的组织特征最为相近。

中国的实体型合作研发模式多为一个企业与一所（或多所）大学/科研院所之间的合作，且参与合作的企业通常是具有一定实力的大企业。例如，2007 年 4 月 27 日，中国有色金属产学研科技创新联合体在长沙成立。该联合体由国内有色金属行业部分科研院所、高校和设计院等 14 个研发主体共同建立，[③] 旨在聚集科技资源，形成综合优势，共同解决国家的重大

---

① 中国企业评价协会：《中国企业自主创新评价报告》，北京：中国经济出版社，2009 年版。

② 孙福全、王伟光、陈宝明：《产学研合作创新：模式、机制与政策研究》，北京：中国农业科学技术出版社，2008 年版。

③ 其中包括中国铝业公司、中南大学、北京有色金属研究总院、北京矿冶研究总院、广州有色金属研究院、西北有色金属研究院、桂林矿产地质研究院、北京矿产地质研究院、北京有色金属技术经济研究院、南昌有色冶金设计研究院、长沙有色冶金设计研究院、中国有色金属长沙勘察设计研究院等。

科技问题。而其唯一的企业成员中国铝业公司是国家授权的投资管理机构和控股公司、国有重要骨干企业和世界 500 强企业之一。再如，中科联创公司由北京南丰投资公司和中国科学院自动化所合资成立，是国内技术最先进的集成电路设计企业。北京南丰投资管理有限公司的股份占 65%，中科院自动化研究所占 35% ;[1] 宁波海天集团有限公司与北京化工大学共同成立了宁波海天化工科技有限公司，从事化工新产品和新技术的开发。实际上，中国企业的研发投入情况并不乐观。发达国家的经验表明，企业研发经费的投入只有占到企业销售收入的 5% 以上时，企业才具有竞争力。进入中国自主创新 TOP100 的企业中，仅有约 40 家企业的上述比例超过 5%，还有 3 家企业没有参与任何合作研发。而上述单一的"企业—大学"或"企业—研究所"的组织模式成了中国合作研发的典型形式。

毫无疑问，出于对合作研发绩效的考虑，中国所选择的合作研发之路与国际化大趋势是相符的，其共享资源和研发成果的理念也是统一的。然而，上述典型的合作模式是否是最有效率的一种选择呢？"企业之间的合作"与"企业和大学/研究机构"之间的合作不同。企业之间在"研发阶段合作、在产出阶段竞争"能够带来的一个重要绩效是在共性技术上的突破。企业间的合作领域（尤其是横向企业之间的合作）更加偏向于技术本身，而不是单纯以实现商业化为主要合作目标。商业化目标的实现固然重要，这也是许多发达国家在对 RJV 进行评估时指出的一个问题，即"合作"对后期的商业化问题关注不够。然而，这一个问题可以在兼顾企业间合作的基础上加以解决，例如采用纵向企业之间的研发合作模式。而横向企业合作虽然不以商业化为目标，但却有利于企业对基础性技术和知识的积累，可以提高企业的技术起点，无论对于企业还是一个国家的行业发展来说是一种有效的长期战略选择。

不可否认的是，在"企业—大学"和"企业—研究所"的合作模式中，企业出于利益的驱动会积极与大学或研究机构共享资源和深入交流以获取其期望的技术和知识，大学/研究机构也会根据合作协议的内容提供

---

[1] 孙福全、王伟光、陈宝明:《产学研合作创新：模式、机制与政策研究》，北京：中国农业科学技术出版社，2008 年版。

各种技术咨询服务和人力资源。然而这种状态下，资源仍然是有限的，大部分企业会依赖于大学或研究机构进行研发，实际上这种情况与技术外包相似，即企业为大学/研究机构的研究和技术服务提供资金。此时，资源并不是充分的共享和互换的，反而会在一定程度上抑制企业自主研发的动机。即使企业和大学共建实验室进行研发，单个企业的资源也是有限的，而如果不同企业能够共建一个或多个实验室进行协调研发，则能带来特殊的研发效应。①研发内容的协调可以减少不必要的重复研发现象，研发的协调效应可以为企业节约研发的时间成本。②多个企业合作研发可以使成员企业承担成本高昂的技术研究内容。③不同企业可以共享研发成果，并基于研发出来的共性技术进一步开发各自的产品。此时，研发成本的整体降低有利于产品价格的降低，同时也有利于产品市场上竞争环境的培育，这些效果对于社会福利来说都是十分有益的。对于在众多技术领域欲赶超发达国家的中国来说，以企业为主体形成合作研发联合体可以加速技术传播和共享的速度，让更多的企业以更高的技术起点参与国内、国际市场竞争，进而提高中国整体的产业技术水平。

需要指出的是，在中国，由多个企业组成的实体型合作研发体是存在的。例如，2006年7月14日，国家工程实验室召开了第一届股东会第一次会议，决议通过组建中国网通集团宽带业务应用国家工程实验室有限公司，股东单位由中国网络通信集团公司、北京市北邮通信技术公司（代表北京邮电大学）、上海贝尔阿尔卡特股份有限公司、华为技术有限公司、中国科学院国有资产经营有限责任公司（代表中国科学院）、西门子通信技术（北京）有限公司，以及TELEFONICA西电技术（北京）有限公司组成。该公司是国家发展和改革委员会首批批准成立的三个国家工程实验室之一。从组织结构上来说，该公司是由多家企业、大学和研究机构组建的、以研发为主要目的的实体型研发合作体。①但该合作研发企业是国家主导的，而且数量有限。在发达国家合作研发项目中，也存在国家实验室

---

① 该实验室公司以下一代互联网宽带业务应用研发为核心，以客户需求和市场应用为导向，以提高自主创新能力为目标，充分整合各类资源，加快形成紧密的产学研合作机制，努力建立技术创新和产业化推进体系，促进下一代互联网宽带业务应用由基础研究向产业化转变。

或研究机构发起组建合作研发体的类似情况，然而更多的 RJV 是不同企业在市场环境下自由结合的产物。国家主要是通过对合作研发的项目资助来产生影响，并通过签署资助协议、根据所要研发的技术对国家和社会的重要程度来决定是否占有研发成果的所有权。

中国合作研发的另一个特点是其运行方式的松散化。其合作通常以"中心"的形式出现，而这种"中心"与发达国家的同类"中心"（Centers）有所不同。后者或称为 RJV（Research Joint Ventures，如美国和部分欧洲国家）或称为 CRC（Cooperative Research Centers，如澳大利亚），其运行以企业的运行模式为基础，有更加严谨和详尽的合作合同，其内容包括合作之前各企业专有技术的开放程度和方式、研发成果的所属权、成本的分摊方式、国家资助的条件和途径等。同时，这些合作体通常有专门的合作协调机构负责日常的监督和管理，并聘请第三方机构对合作体进行定期的绩效评估。我们可以看到，在发达国家合作研发的运行过程中，激励、管理和监督均具备典型的企业特征。由于利益的相关程度比较大，彼此各种投入受到的约束力较强，进而合作也就更加紧密。而松散的合作方式虽然灵活性较大，但却有可能带来很大的附加成本。由于缺乏利益驱动和有效管理，合作体内部成员互相沟通的动机不足。

中国合作研发的第三个特点是其制度运行环境的自由化。缺少针对性很强的管理机构和项目支持。我们不难发现，发达国家促进合作研发的制度体系具有较强的针对性，对于合作研发活动通常有明确的项目支持，并对 RJV 的组建和国家资助的条件进行了详尽的规范。这些国家通常会常设专门的行政机构来统一负责 RJV 的申报和审批过程，并对其运行给予不同程度的关注。可以说，强有力的政府规制在发达国家展现得淋漓尽致。中国在该领域的制度环境却是相对自由化的。在缺少针对性很强的制度约束和引导的前提下，如果企业自身没有强大的科研实力，那么"产—学"或"产—研"类的合作模式极有可能成为企业的一种优先"替代性选择"。而研究表明，没有政府的进一步诱导，具有社会效益的 RJV 是不会自发产生的。[①] 因此，中国合作研发的这个特点与上述第一个特点是紧密相关的。

二、中国合作研发的制度环境与约束因素

中国合作研发的一个重要驱动力是其竭力构建的制度体系。而其约束因素主要包括市场机制的健全程度、国家对微观组织模式的选择，以及制度供给的合理程度。

1. 中国促进合作研发的制度供给

改革开放以来，中国陆续出台了有利于合作研发的法律和规章制度，相关的项目、计划以及促进和协调机构也相继成立。现有的促进合作研发的制度设计主要围绕对"产学研"合作的宏观规制展开。1986 年，当时的国家经委、国家教委和中国科学院商定成立了"经济科技合作协调小组"，在全国 100 个大中型企业中推行"百项合作计划"。1992 年，国家经贸委、教育部、中国科学院在全国范围内组织实施了"产学研联合开发工程"，通过企业与大学或科研院所之间的技术转让、共建技术中心、共办高科技实体等产学研合作方式显著推动了中国技术创新体系的构建。随后，北大方正、[②] 清华同方[③] 等一些由大学（或科研院所）自办或与企业共同建立的知名企业带来了显著的经济效益和社会效益。[④] 根据 1999 年的不完全统计，企业与高等院校、科研院所共建研究开发机构和经济实体 5800 多个，并形成了多种优势互补、风险共担、利益共享、共同发展的产学研联合模式。改革开放以后，产学研联合开发工程在一定程度上改善了科研成果商业化程度较低的状况，初步实现了科技带动经济增长的效应。实际上，我

---

① S. Martin. Private and Social Incentives to Form R&D Joint Ventures. Review of Industrial Organization, 1944（9）：157 – 171.

② 北大方正在国内首创产学研合作体，在电脑软件、激光照排、系统集成、指纹识别以及多媒体制作方面雄踞国内同行榜首。该集团开发的汉字激光照排系统已占领 99% 的国内电子出版市场和 80% 的海外华文报业市场。

③ 清华大学与同方威视公司合作开发的"大规模集装箱检测系统"，不仅为我国各海关严守国门做出了突出的贡献，而且远销全球 21 个国家或地区的 62 个关口。

④ 1995 年中国科学院工程物理研究所与北京重型电机厂、哈尔滨汽轮机有限责任公司等国有大型企业紧密合作，共同组建了北京全三维动力工程有限公司；2006 年初，飞跃集团与中国科学院计算所共建了创新载体"飞跃中科（台州）数控系统有限公司"。创新载体的重点是突破缝制机械行业发展所急需的核心技术，建立起具有自主知识产权的产品体系，提高生产制造水平，提高产品质量，增强国际竞争力。

们可以看到，促进科技成果的转化始终是中国近 20 年来合作研发制度框架的重点。

2006 年，国务院决定实施《国家中长期科学和技术发展规划纲要（2006～2020）》（以下简称《纲要》）。《纲要》指出，现阶段具有中国特色的国家创新体系建设的重点是建设"以企业为主体、产学研结合的技术创新体系，并将其作为全面推进国家创新体系建设的突破口"，同时强调，"必须在大幅度提高企业自身技术创新能力的同时，建立科研院所与高等院校积极围绕企业技术创新需求服务、产学研多种形式结合的新机制"。《纲要》中的科技政策突出强调了大学和科研院所的科研导向，即要围绕企业的技术需求开展。

此后，"协调指导小组"和"合作促进会"成立，其充分体现了国家对产学研合作研发的重视。2006 年年底，科技部、财政部、教育部、国务院国资委、全国总工会、国家开发银行在科技部联合成立了"推进产学研结合工作协调指导小组"，协调指导小组的主要职责是：落实《纲要》及其配套政策关于促进产学研结合的政策和措施、研究产学研结合工作中的重大问题、协调各部门推进产学研结合的行动、指导产学研结合新机制和新模式的探索，共同推进以企业为主体、市场为导向、产学研相结合的技术创新体系建设。2007 年 11 月，"中国产学研合作促进会"成立。中国产学研合作促进会是以产学研合作为平台，以提升自主创新能力，促进创新成果商品化、产业化、国际化为目标的全国性、非营利性的社会团体。①

中国关于合作研发的相关法律、税收优惠政策和知识产权规定正在逐渐完善，然而还不够具体，制度的影响效应没有充分发挥出来。1993 年颁布的《科学技术进步法》提出："国家鼓励企业建立和完善技术开发机构，鼓励企业与研究开发机构、高等院校联合和协作。"2007 年 12 月 29 日修订通过、2008 年 7 月 1 日施行的《科技进步法》的第三十条指出："国家建立以企业为主体，以市场为导向，企业同科学技术研究开发机构、高等

---

① 中国产学研合作促进会的成立将进一步加强和扩大科技工作者与产业界的联系，推动我国产学研合作创新和科技成果转化。促进会还可以作为中国唯一一个产学研合作社会团体加入国际产学研组织，有利于与国际产学研组织接轨，学习国外产学研合作的先进经验，推进产学研合作向国际化发展。

学校相结合的技术创新体系，引导和扶持企业技术创新活动，发挥企业在技术创新中的主体作用。"2000 年发布的《关于加速实施技术创新工程形成以企业为中心的技术创新体系的意见》中提出："促进和鼓励大多数国有大型企业与高等院校、科研院所建立开放的、稳定的合作关系，通过成果转让、委托开发、联合开发、共建技术开发机构和科技型企业实体等，开展多种形式的产学研联合，逐步形成以企业为主体、高等院校和科研院所广泛参与，利益共享，风险共担的产学研联合机制。"

在税收方面，1996 年发布的《关于促进企业技术进步有关财务税收问题的通知》中规定："对技术要求高，投资数额大，单个企业难以独立承担的技术开发项目，按照联合攻关，费用共摊，成果共享的原则，报经主管财税机关批准后，可以采取由集团公司集中收取技术开发费的办法。其中成员企业交纳的技术开发费在管理费用中列支，集团公司集中收取的技术开发费，在核销有关费用支出后，形成资产的部分作为国家投资，在资本公积金中单独反映。"在知识产权方面，2000 年发布的《关于加强与科技有关的知识产权保护和管理工作的若干意见》中提出："要通过技术合同中知识产权归属与利益分享的合理约定，进一步加强产学研结合，提升科技成果转化能力和实际效果；要逐步调整科技成果的知识产权归属政策，除以保证重大国家利益、国家安全和社会公共利益为目的，并由科技计划项目主管部门与承担单位在合同中明确约定外，执行国家科技计划项目所形成科技成果的知识产权，可以由承担单位所有。"

2. 影响中国合作研发效应的约束因素

（1）对于一个国家，我们不能轻易判断市场机制的健全度与合作研发绩效之间的关系。在美国和日本这样的发达国家，市场机制相对成熟，而同时，其合作研发绩效也较为显著。虽然这不足以证明市场机制的决定性作用，因为这两个国家用来促进合作研发的"制度安排"可能起到了重要作用。但市场机制对合作研发的影响作用仍然是重要的。首先，完善的市场机制意味着企业之间的竞争可以达到一定水平。而技术是现代企业核心竞争力的重要组成部分，技术创新应该是完善的市场机制下企业发展的一个支撑点。在竞争程度较高的环境下，企业不断积累自身技术能力的动机可能会更大，在一些积极的制度激励下参与合作研发的可能性也会更高。

也就是说，在更加完善的市场机制下，通过提供理性的制度安排所能带来的有效性有可能更大。其次，在较为完善的市场机制下，合作研发体的运行也更加趋向于市场经济的运行规则，企业等合作研发主体会在现有的制度体系下寻求最优的内部制度安排，而这些制度安排必然要考虑到激励、管理和监督成本的节约，从而降低了由无效的内部合作安排所带来的后果，其中包括成功研发时间的推迟、研发资源的浪费、沉没的研发成本、不合理的研发分工、臃肿而低效的管理机构等。

中国合作研发的发展环境在一定程度上会受到其市场机制的约束。企业创新的动机不高与市场和技术之间较低的结合水平相关，而企业之间合作创新的动机不高又与单个企业较低的创新动机相关。实际上，当市场的整体技术层面较低的时候，很多企业不需要参与创新也能够生存和发展。生活必需品的庞大消费市场和高比例的中低收入人群影响了中国企业的发展定位。同时，计算机、医药等技术含量较高的领域已被发达国家抢先占领。中国的市场机制中技术应该发挥的核心作用并不明显，技术给予市场运行的影响还不强。企业为提高其国内和国际竞争力而去参与基础性合作研发的动机也较低。而对于已经形成研发合作的研发主体来说，松散的合作模式毫无疑问可以在一定程度上带来技术的共享或转移，但一旦合作后的研发管理和协调不够有效，那么成本也是高昂的。

（2）国家的制度支持对于某种特定组织模式的发展具有显著的影响作用，进而国家能否理性选择有效的合作模式以提供相应的制度供给是影响合作研发绩效的一个重要因素。这个选择过程也是国家决策能力的重要体现。需要国家提供特殊制度供给的微观组织模式通常具备如下两个特征：①可以带来显著的经济绩效或社会效应。②存在市场失灵问题。当资源不能通过市场形成最为有效的配置方案，而这种方案又能给经济带来增长时，国家需要为这种资源配置方案的形成做出努力。国家选择的制度供给对象可以分为两类，一类是短期可以形成显著经济绩效的组织模式，另一类是需要一定时间周期才能获得经济绩效的组织模式。前者以企业和大学之间的合作最为典型，通常大学拥有较为成熟的技术成果，或者已经具备与企业需求相关的研究基础。这一特征源于企业欲追求利润的本质。而后者则以 RJV 模式较为典型。RJV 以不同企业为合作主体，其研究的技术对象或为企业共同关注的共性技术（横向 RJV），或为有利于企业顺利实现商业化、带动产品升级的应用技术（纵向 RJV）。相对于第一类合作模式来说，后者需要的技术研发周期更长。根据发达国家的经验，RJV 的存续周期通常在 3 年以上，而一旦研发成功，则产业内若干企业的技术水平将会有普遍提高，进而有利于产品市场上的竞争和产业技术的升级。

中国合作研发的组织模式以上述前者为主，由企业之间合作组建 RJV 进行技术研发的情况较少。这与国家的制度导向和制度支持有直接关系，多年以来，国家始终积极强调"大学的研究目标要以企业需求为导向"。这种制度导向使大学（或以大学为基地的研究中心）成为国内十分重要的技术成果供给主体。同时，国家建立了若干用以连接各种研发资源和研发主体的相关组织机构，使企业与大学的各种信息能够充分共享。这些措施使中国企业与大学之间形成的合作研发组织得以发展，并给经济带来了显著增长。中国的基础研究投入与其他发达国家相比较低，而用于试验发展的投入较高，如图 5-1 所示。通常，单个企业投入基础类研究的动机较低，而 RJV 这种合作模式可以在很大程度上弥补技术市场的失灵现象，但需要政府的制度支持。由于中国对于 RJV 一类的合作模式给予的关注和制度支持很少，因此，RJV 可以为经济增长带来的贡献并没有充分实现。

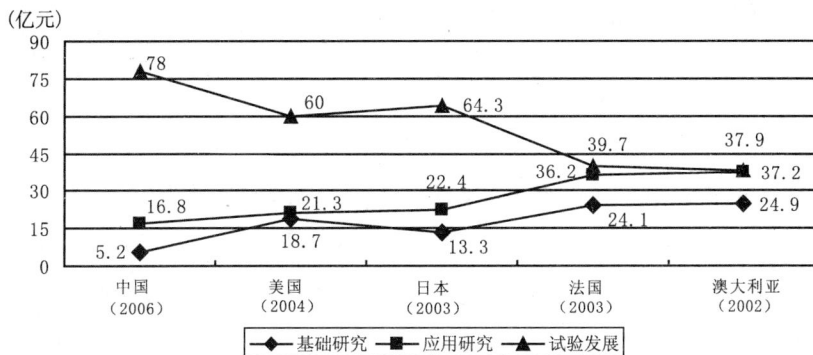

图 5-1　不同类型研发投入的国际比较

资料来源：根据《中国统计年鉴》（2008）中的数据整理绘制。

本书根据 1998～2008 年的统计数据（见表 5-1）运用 Eviews 软件对影响中国基础研究投入的因素进行了计量检验，结果如表达式（5-1）所示，BS 代表全国基础研究经费支出；EEXP 代表全国各类企业的研发经费支出；GEXP 代表研发机构①的研发支出；UEXP 代表高等学校科研经费支出；FINANCE 代表国家财政科技支出。

表5-1　各类研发支出的统计数据

年份	全国R&D经费总支出（亿元）	基础研究经费支出（亿元）	应用研究经费支出（亿元）	试验发展经费支出（亿元）	各类企业经费支出（亿元）	政府部门属研究机构经费支出（亿元）	高等学校经费支出（亿元）	国家财政科学技术支出（亿元）	R&D经费投入强度（与国内生产总值之比）（%）
2008	4616.0	220.8	575.2	3820.0	3381.7	811.3	390.2	2581.8	1.54
2007	3710.2	174.5	492.9	3042.8	2681.9	687.9	314.7	2113.5	1.49
2006	3003.1	155.8	504.5	2342.8	2134.5	567.3	276.8	1688.5	1.42
2005	2450.0	131.2	433.5	1885.3	1673.8	513.1	242.3	1334.9	1.34
2004	1966.3	117.2	400.5	1448.3	1314.0	431.7	200.9	1095.3	1.23
2003	1539.6	87.7	311.5	1140.5	960.2	399.0	162.3	975.5	1.31
2002	1287.6	73.8	246.7	967.2	787.8	351.2	130.5	816.2	1.23
2001	1042.5	52.2	175.9	814.3	630.0	288.5	102.3	703.3	1.10
2000	896.0	46.7	152.1	697.2	540.6	258.2	76.6	575.6	1.00
1999	678.9	33.9	151.6	493.5	336.7	260.5	63.5	543.9	0.80
1998	551.1	29.0	124.6	397.5	247.0	234.3	57.3	438.6	0.69

资料来源：《中国统计年鉴》（1998～2008）。

$$\hat{BS} = 10.430 + 0.029EEXP - 0.010\,GEXP + 0.513\,UEXP - 0.031FINANCE$$

$$(1.15) \quad (-0.08) \quad (3.87) \quad (-0.71) \quad (5-1)$$

$\overline{R}^2 = 0.9966$ 表明四个变量可以解释基础研究投入变动的 99.66%，F 统计量的 p 值约等于 0，小于显著水平，回归效果显著。然而在这四个变量中，只有 UEXP 的回归系数的 t 统计量的 p 值小于显著水平。对 BS 和各变量分别进行回归参数估计发现 BS 与各变量之间均存在相关性，其中

---

① 研究与开发机构历年数据均已调整为地级及以上独立核算研究与开发机构及科技信息与文献机构，不含转制院所。

UEXP 的 $\overline{R}^2 = 0.9973$，相关性最为显著。消除多重共线性后的估计方程为，$\hat{BS} = -1.771 + 0.566\text{UEXP}$，$\overline{R}^2 = 0.9973$ 基本可以说明高等学校科研经费支出对于中国基础研究经费支出的显著影响，且基础研究由高等学校承担的最多，而我们通过图 5 - 2 可以看出，高等学校科研经费支出与其他三个变量相比是最低的。由此可以初步判断，中国企业对基础研发的投入产生的影响不大，投入的相对值不高。[①] 也就是说，企业对大学基础研究的依赖度较高。

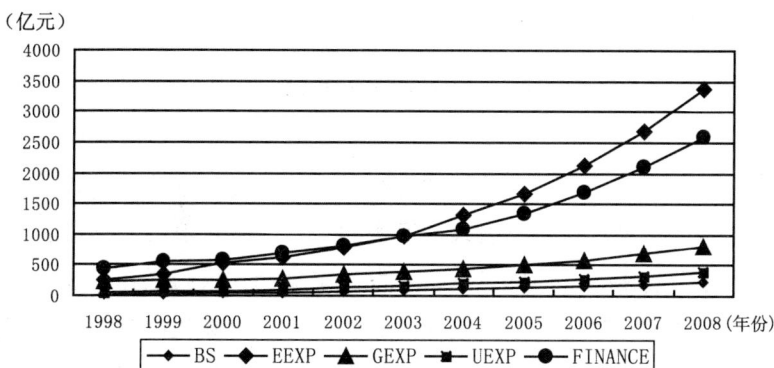

图 5 - 2 四个解释变量的研发支出

（3）国家制度供给的合理程度能够直接影响合作研发的效果。在发达国家，学者们普遍对 RJV 这种组织模式的企业和社会效应给予肯定，并指出 RJV 通常需要国家的政策和资金支持才能达到期望的经济效应，而学者们也在担忧 RJV 可能带来的反竞争问题。然而实际上，发达国家政府纷纷为 RJV 提供了反垄断豁免政策，其中以美国政府和日本政府较为典型，可见发达国家对于 RJV 的支持力度。同时，美国、澳大利亚以及欧盟对于 RJV 的扶持和资助政策均较为具体，其中包括对 RJV 模式的界定、国家对 RJV 的资助比例、RJV 的成员结构等。[②]

在中国，关于合作研发的法律不够具体，这样的制度构建具有"灵活

---

① 由于缺乏中国产学研合作的相关数据（2009 年底统计局开始着手系统收集中国产学研合作方面的数据），本书计量检验的内容具有一定的局限性。

② 通常要求 RJV 成员中除了若干企业以外必须要有一所大学参与其中。

性"的优势，给予研发主体更加灵活的运行环境，但是有可能导致一些负面影响。例如，对于 RJV 这类需要政府进行政策激励的组织模式来说，如果国家不对其进行详细的规范，那么由于激励措施不够确切、申请资助的过程烦琐、组建或运行的成本过高等原因，我们所期望的绩效可能很难获得。即使不是 RJV 模式，由于合作研发自身的特征，合理有效的国家制度框架也是必要的，一方面可以降低研发成员之间的合作成本，另一方面也能更好地激励和监督合作研发体的运行。再如，针对知识产权保护的制度如果不够完善，可能会给合作研发之前或成功研发后的"成果保护和分享"问题带来较高的合作成本。

在中国，与社会和民生息息相关的重要行业中的企业多数由国家掌握控股权。这些领域中的研发通常由"国家实验室"和"科研院所"主导完成，进而私有企业的参与程度较低。同时，国家突出强调的是企业与大学之间的需求导向型合作研发模式，但实际上能够真正参与到这种模式中的企业又是十分有限的。由此可见，与发达国家相比，我国在促进合作研发的制度供给方面出现了一个阶段性的缺失。而这种缺失的弥补有可能会让更多的企业参与研发，并在研发成功后积累知识、提高技术水平，并更好地参与国内竞争和国际竞争。

第二节　研究型合资企业在中国的实践
——国家能力的重塑

研究型合资企业是否能在中国得到合理的发展取决于国家能力能否得到充分的发挥。根据本书的界定，国家能力的内涵包括"认知"能力、"决策"能力、"实现"能力和"反思"能力四个方面，而国家能力在各个方面的重塑可以分为三个维度：能力实施的范围、能力实施的强度，以及能力实施的内容。"认知"能力到"反思"能力的范围、程度和内容是国家重塑其能力的切入点。国家对 RJV 的深入认知、从众多组织模式中做出的决策、为支持 RJV 所提供的合理制度框架，以及对政策绩效的反思都需要从不同维度进行重新塑造。国家能力的重塑实际上是通过对国家能力实施的不同维度进行调整，进而使国家能力得到充分发挥的过程。

一、RJV 在中国发展的合理性与可行性：一种决策能力

2004 年以来，我国企业 R&D 经费投入占总 R&D 经费的比例继续稳步提高，企业 R&D 经费投入的增长速度明显快于国内 R&D 总经费的增长速度，在全国总 R&D 经费中企业所占比例已超过 70%，表明我国企业在国家创新系统中的创新主体地位不断增强。同时，企业 R&D 人员占我国 R&D 人员总量的比例也很大，2007 年中国 R&D 人员在企业、研究机构和高等学校三大部门之间的分布情况是：研究机构和高等学校合计不足 1/3，而企业已经超过 2/3。[①] 中国企业的研发基础和创新意识正在逐步增强，为 RJV 的发展提供了资源基础。此外，自现代企业制度被推广以来，中国的企业已经逐步符合在市场经济体系下发展的各种要求，这也为 RJV 的发展提供了较好的企业制度基础。鉴于本章第一节中探讨过的中国产学研合作中存在的几点问题，RJV 对于中国的合作研发所能够起到的作用可以重点归纳为以下几个方面：

（1）通过 RJV 提高研发主体的合作研发动机。尽管在国家的一系列制度激励下，企业和大学/研究机构之间的合作逐渐增多，但从整体上来看，各种研发主体之间的合作研发动机仍然较小。同时，可以对重要技术或行业核心技术进行独立研发的企业数量十分有限。国家通过出台政策和计划来促进 RJV 的发展可以有效提高研发主体之间的合作动机，尤其有利于市场失灵导致的企业之间较低的合作动机。

（2）通过 RJV 提高研发主体之间合作的契合度。合作主体之间的契合度对于合作体的绩效来说尤为重要，契合度较高的合作关系可以减少合作的阻力，有利于合作经济绩效的实现。[②] 合作的契合度与合作中无形成本的大小相关。合作的成本指合作主体投入的各种成本，其中既包括成员投入的资金、人力资源、技术资源等有形成本，还包括一系列无形成本，其中主要包括：不合理的合作模式带来的组织成本、合作主体之间的研发协

---

① 詹正茂、王裕雄、孙颖：《创新型国家建设报告（2009）》，北京：社会科学文献出版社，2009 年版。

② 但契合度并不是合作可以取得较高经济绩效的充分条件，影响合作经济绩效的因素较为复杂。

调和管理成本等。这些成本与合作的契合度相关。合理的组织模式可以更好地整合研发资源，减少不必要的成本。例如，如果采用松散的合作模式来承担需要长期投入和紧密合作才能成功研发的技术内容，那么相关的知识和信息有可能缺乏及时的沟通和共享，合作也有可能由于各种投入不能持续供应而错过最佳研发时机。同时，协调和管理的比较顺利、冲突较少的合作，其契合度较高。从组织模式的层面来看，与我国现行的多数产学研合作模式相比，RJV 成员之间的合作更加紧密，这种运行机制可以带来有效的制度约束力，从而增加合作的契合程度；从合作的无形成本方面来看，RJV 可以在一定程度上降低合作成员之间的信息共享、成本投入等问题所带来的相关成本，使合作能够持续、顺利进行。

（3）通过 RJV 提高研发合作的经济绩效。我们已在上文中详细论述了RJV 可能给合作带来的经济绩效。在国家的制度支持下，RJV 有可能提高单个企业的经济绩效和整个社会的福利。其中，RJV 最为突出的特点包括：RJV 可以连接不同企业，使其共享资源、共担成本；RJV 按企业机制运行，其紧密的合作方式有利于各种资源的整合以及后期衍生企业的形成；国家对 RJV 的综合制度支持可以帮助发挥这种组织模式的优势。而这些特征都有利于合作研发绩效的改善。

二、促进 RJV 在中国发展的政策建议：一种实现能力

鉴于上述 RJV 的组织优势，国家需要充分发挥其"实现能力"构建合理的制度框架以支持 RJV 的发展，其核心是创新的激励机制、管理机制和监督机制的构建和完善。

1. 创新激励机制的构建和完善

RJV 的发展需要有效的激励机制。对于 RJV 来说，激励包括两个方面，一方面是促进 RJV 成功组建的外部激励因素。另一方面是促进 RJV 顺利运行、使内部成员充分投入研发并共享成果的内部激励因素，RJV 的内部激励主要通过董事会及管理层来提供，RJV 的良好运行需要内部的协调和管理。而国家能力的大小在 RJV 组建的外部激励问题上体现得更多。实际上，RJV 的合理组建可以为 RJV 的内部激励机制的构建提供保障。中国

的企业已经在一定程度上形成了与大学或研究院所合作的路径依赖性。[①]
在这样的前提下，激励企业参与和其他企业之间的合作需要企业改变原有
的合作路径，放弃相对短期的经济利益而着眼于长期战略目标。

国家对 RJV 组建的外部激励可以通过制订促进 RJV 发展的科技计划
（以下简称"计划"）来实现。"计划"的首要内容是对 RJV 的内涵进行界
定。本书笔者认为，在中国，RJV 可以界定为由企业、大学、研究机构等
研发主体联合组建的合作研发实体（研究合资企业）。这个定义与现有的
"产学研"合作研发模式相比的一个重要区别即其"研发实体"的组织形
式，这与众多发达国家多年来促进合作研发的惯例是相符的。对于合作成
员中仅有一个企业成员的 RJV 来说，其"合资企业"的组织模式也是必要
的，这与我国部分"企业—大学"、"企业—研究机构"之间松散的合作关
系形成对比和互补。[②]

"计划"需要对资助的比例和方式进行规定。根据国际惯例，典型的
资助方式包括"提供不超过占总投入50%的资金资助"和"为合作研发企
业提供特殊银行贷款"。前者以欧洲和澳大利亚的惯例最为典型，而后者
以日本较为典型。日本银行向合作研发企业发放的贷款不收取利息。如果
企业盈利，则应先用其来向银行还款，如果贷款的企业在 7 年以内没有从
研发成果中获得任何利润，那么企业可以不必偿还该贷款。在中国，银行
为科研投资的先例较少，大部分科研项目由政府的科研经费资助。本书笔
者认为，为了鼓励企业之间的研发合作，国家的资助方式可以分为两种，
对于由国家属研究机构和国有企业为主建立的 RJV，国家可以以提供银行
的无息贷款为主；对于由私有企业为主建立的 RJV，国家以合理提供一定
百分比的资金资助为主。鼓励银行逐渐发展成为一种有效的研发投资主体
对于中国来说具有崭新的意义。[③]

"计划"需要着重强调企业的参与程度。中国企业共同参与合作研发
的动机较低，鉴于此，该计划需要着力对至少有两个企业共同参与的 RJV

---

① 在欧洲，41% 的 EUREKA - RJV 中企业是唯一的成员类型，这与 EUREKA 的初始目标
"市场导向型研发"是一致的。

② 这里需要指出的是，对 RJV 的促进并不是要抑制较为松散的合作关系的发展。

③ 可以在一定程度上帮助抑制部分行业投资过热的现象。

进行激励，并制定具有针对性的特殊激励措施，其中包括资助的金额比例、对 RJV 和成员企业的收入税和研发税的优惠等。

"计划"需要对研发成果的 IP 问题进行详细的规定。相关 IP 问题分为两类，第一类是 RJV 成员原有 IP 在成员之间的共享问题，这类问题一般由成员在协议中商讨决定，如果事先没有决定，则需要通过董事会通过后才能处置。通常，RJV 成员会将那些与合作研发内容相关的核心 IP 的使用和分享问题事先写入合作协议，以避免事后不必要的成本。第二类是与 RJV 研究成果相关的 IP 问题。国家需要对与重大科技领域和与社会福利相关的 IP 成果持有所有权。在中国，这种 RJV 更有可能由政府部门所属的研究机构和国有大企业发起，并联合大学等研究体共同建立而成。非重大 IP 成果通常由 RJV 企业所有，成员可以分享。非 RJV 成员可以通过许可或者经董事会同意后获得 IP 成果的使用权。

"计划"需要涉及研发成果的商业化问题。负责 IP 成果商业化的主体由 RJV 来决定。在由企业、大学和（或）研究机构共建的 RJV 中，IP 的商业化过程可以由企业来完成，并在协议中规定利润的分配方案。在完全由企业组成的 RJV 中，成员企业可以将 IP 成果带回到各自的实验室进行进一步开发，并独立完成商业化过程，在产品市场上形成竞争。

"计划"需要涉及 RJV 的退出机制。RJV 成员需要在合同中规定成员最早可以退出 RJV 的时限。该时限可以根据合作研究内容所需要的研发周期和投入资金（或资源）的连续性等因素来确定。

2. 创新管理机制的构建和完善

RJV 的发展需要国家提供有效的创新管理机制。国家对 RJV 的管理机制主要包括以下两个方面：①专设管理和统计部门负责 RJV 的申请、审批、备案，以及日常管理。国家需要设立专门的机构对 RJV 的申请进行严格审批、对申请成功的 RJV 进行备案，并及时公布新成立 RJV 的信息。美国的 NCRA 只为那些在美国司法部和联邦贸易委员会注册过的 RJVs 提供法律保护和优惠待遇。在欧洲和澳大利亚，只有通过申请的 RJV/CRC 才能够获得国家的资助。并不是所有的 RJV 申请都能够通过，负责审批的专设机构需要对 RJV 申请的研究内容、研究周期、研究的困难程度以及研究的可行性等方面进行审查，并最终确立同意资助的 RJV 和具体的资助金额。②为合作研发提供有效的信息平台。中国近年来已经搭建了不同的信息平台，为产学研合作提供必要的信息。但有关 RJV 的发展计划需要一个范围更加广泛、信息更加全面的数据库，收录的信息包括有意愿参与研发合作的企业、大学、研究机构等主体，以及愿意提供研发贷款和资助的各种投资主体。①

3. 创新监督机制的构建和完善

国家需要为 RJV 构建的创新监督机制中的主要内容包括：①对 RJV 经济绩效的评估。②对 RJV 反竞争效应的监控。③对国家资助金使用情况的监督。

如果国家要在后期对 RJV 的绩效做出准确的判断，则需要在制度的构建过程中培育完善的统计和评估体系以准确收集和分析与 RJV 相关的各种数据，这有利于及时对其进行反思和调整。国家可以专设特定部门或聘请第三方机构来定期评价 RJV 在中国的运行情况。在发达国家，私人评估机构较为普遍。在一个项目进行几年以后，国家会聘请评估机构对其进行系统和全面的评估，评估内容包括项目的内容、目标、投入、收益，以及项目的成功之处和不足之处。评估机构利用经济模型对项目的经济绩效进行评价，并得出具体的绩效值，如澳大利亚 2006 年 10 月公布的 CRC 项目经济效应研究。② 绩效评估的准确性与合理性十分重要，这一过程应避免不真实的数据统计和过多的描述性语言，这样才能真实反映一个项目的有效性和不足，以便于进一步完善。

RJV 可能带来的反竞争效应是国家构建创新监督机制时要考虑的重要内容。假设国家的激励措施有效，以企业为主体形成的 RJV 不断增加，那么企业合谋影响产品市场价格的几率也会增大。国家有必要对企业的行为和动机进行有效的监督。这种反竞争效应更易于在企业横向合作时产生。我们不难发现，在美国、日本等发达国家，RJV 或者享受有限的反垄断豁免，或者在政府的潜在庇护下得到迅速发展。鼓励企业之间的研发合作本

---

① 当国家加大对 RJV 的资金和制度支持力度时，包括银行、基金等投资主体介入的几率可能会提高。

② 详见第四章中"CRC 的绩效评价"。

身就是对《反垄断法》的一种挑战，但也有众多学者提出，RJV 的形成有利于降低研发成本，进而降低产品市场上的价格。可见，问题的关键取决于国家对 RJV 成员在产品市场上的行为的监督和判断标准。在美国，RJV 如果触犯了《反垄断法》，也是要按照实际赔偿金额进行支付的。中国对 RJV 的反竞争效应监控应该基于国情的考虑。我国目前多数与国民经济有重大关联的产业都掌握在国有控股企业手中。这些企业形成的 RJV 所进行的研究成果归属于国家，国家掌握着部分产品价格的垄断权。进而，根据我国国民的收入和消费水平确定合理的价格和供给水平是国家的重要职能，也是我国社会主义优越性和国家能力的一个重要体现。而对于以私有企业为主合作建立的 RJV，其研究成果归 RJV 所有，此类 RJV 应该是国家发挥监督作用的重点。如果发现厂商之间就价格、销量等因素进行勾结并影响市场，国家应该对其进行有效干预。

除了对 RJV 反竞争效应的监督外，国家的创新监督机制中还应该包括对国家资金使用情况的监督。RJV 应该定期向专设的监督机构报告项目资助的阶段性使用情况、阶段性研究成果，以及下一阶段的研发计划和资金来源情况，以避免资金滥用情况的发生。

4. 充分发挥国家的综合制度能力

从纵向看，国家能力是一个从"认知"到"反思"的过程，而在其中的"实现"过程中，国家需要发挥其综合制度能力，为有效创新方式的发展奠定基础。为促进 RJV 的发展，国家可以在以下几个方面做出努力：

（1）提高大学教育与技术产业发展的契合度。大学的科研机构在技术创新中的重要性值得我们重视，其重要性具体体现在：大学能够为技术创新体系提供资深的科研人员；大学科目的设置可以在一定程度上决定科技的重点发展方向和发展优势；大学科研机构对基础技术的研发可以为企业应用型技术的研发提供前提基础。技术发达的国家普遍重视教育的投入与产出，而教育的一个重要作用是推动经济的发展。为了适应技术创新的要求，大学的部分学科建设应该具有针对性，应与国家重点发展的技术领域相结合对专业人才进行重点培养，为企业和社会培养具有优秀实践能力和专业素养的科技人才。①

（2）优先使用 RJV 的成果转化品。《国家中长期科学和技术发展规划纲要（2006～2020）》中已经提出"政府主管部门、行业协会等要加强对重要技术标准制定的指导协调，并优先采用"，"引导产、学、研各方面共同推进国家重要技术标准的研究、制定及优先采用"。在此基础上，国家应该制定更加具有针对性的政策，优先使用 RJV 的技术成果和商业化产品。

（3）对国内的先进技术和科技产品给予一定程度的保护。RJV 可以帮助企业在国际先进技术领域取得突破。然而，发达国家可能已经在相关的技术领域占有了领先地位，并在中国市场占有垄断地位。中国目前仍然具有相对廉价的劳动力市场，国家可以采用适度的进、出口税收政策对 RJV 的先进技术产品提供一定保护，使国内的先进技术产品能够占有更加广泛的国内、国际市场，提高我国产品的国际竞争力，打破发达国家对相关领域的垄断局面。

（4）适度调整产业政策以配合 RJV 的发展。学术界普遍认为产业政策可以帮助发展中国家实施超越战略，提高一国企业和产业的国际竞争力。我们可以通过对 RJV 的政策支持来着力发展某些特定的产业，进而帮助促进产业结构的调整。

三、探索 RJV 发展的中国之路：一种"反思"能力

国家的"反思"能力体现在其对一种微观组织模式的发展所做出的思考和调整之上。RJV 是否给经济带来期望的绩效、国家提供的制度支持是否合理、是否低估了 RJV 发展的各种阻力等问题都是国家需要关注的领域。制度是不断发展和演化的，这源于制度自身的灵活性质。然而，彻底改变一种制度或对旧制度进行调整是需要时间的。"反思"不是一个盲目否定的过程，而是一个"理性评价"和"再决策"的过程。反思能力是国家较难把握的一种能力，由于制度设计的绩效评价有可能存在难度，同时，各种阻碍因素又错综复杂，"反思"后做出的不合理决策可能使原有

---

① 刘婷婷：《研究型合资企业（RJV）的国际发展路径及其政策启示》，《商业研究》2009年第 9 期。

的经济和制度问题复杂化，并逐渐使制度陷入无效的运行环境之中。

1. 对 RJV 绩效的评价和反思

在我们期望通过 RJV 实现的绩效中，最为重要的是提高更多企业参与研发的积极性，激励以企业为主体的研发合作，最终促进经济的增长。进而，绩效评价的指标可以包括：①企业成功申请 RJV 的数量。②RJV 的科研成果数量及水平。③RJV 成员（包括企业等成员和 RJV 的衍生机构）的经济绩效。④RJV 的科研成果为社会福利做出的实质性贡献。除了参考绩效评估机构的评价结果以外，另一个可以用来帮助分析 RJV 绩效的途径是参考相关领域学者的理论研究结果。这一特征在美国表现得尤其突出，学术界出现了大量与 RJV 相关的研究，涉及的领域包括 RJV 与其他合作模式的比较、RJV 的形成动机、RJV 的经济绩效、RJV 的反竞争效应等。同时我们需要看到，微观组织模式的发展是需要时间的。在发达国家，从 RJV 的组建到其企业成员可以携 RJV 的研究成果回到各自的实验室进行开发通常需要几年的时间。鉴于 RJV 合作研发的内容通常是具有一定难度的基础技术，我们有必要给予 RJV 以充分的发展时间。一旦研发成功，无论从经济发展还是从社会福利的角度都会产生深远的影响。

2. 符合中国国情的 RJV 发展之路：反思中的演化

RJV 的发展之路需要符合中国的国情。我们很难从世界经济的大环境中找到一个适合中国发展的模板。我们可以借鉴发达国家 RJV 的发展经验，但同时必须结合中国的具体情况。当前，发达国家出口给中国的高技术产品有限，中国亟须提高基础性技术的研发能力和自主创新能力，而 RJV 是我们可以尝试的一种组织方式。然而，我们需要对 RJV 在中国发展的特殊性和可能遇到的阻力有充分的预期。

在中国，一部分国有大型企业和研发机构具有较强的研发能力，我们可以尝试更多地整合私有企业的研发力量，逐步使私企成为又一支重要的研发力量。让更多企业长期投入于 RJV 的研发当中必然会降低其资金投入的流动性，需要企业着眼于长期的经济回报。这对于部分已经形成经营路径依赖的企业来说是存在困难的，尤其是在一个技术竞争不够充分的市场上，企业唯有在国家的政策激励下才有可能更多地参与合作研发、暂时放弃短期的经济利益。同时，在出台 RJV 发展政策之前，国家可以综合各种方式来降低后期需要调整的可能性。例如，充分研究和综合各方面专家和学者的意见、设立专门的调研小组进行实际考察等。而如果我们所构建的 RJV 发展框架没能完全符合事先的预期，则需要国家对其原因进行深入思考进而对政策进行适度的调整。

第六章 结论与启示

本书主要对以下四个方面进行了深入研究，并得出了相关结论。

一、构建了一个从"认知"到"反思"的国家能力分析框架

本书构建了一个包括认知能力、决策能力、实现能力和反思能力四个层面的国家能力分析框架，即国家能力是包括上述四种能力的一种综合能力。

（1）"认知"能力。"认知"能力是一个国家在受到动机驱动后所表现出来的一种初始能力。动机的产生主要源于国家的内部影响和外部激励。内部影响因素包括国内的政治压力、经济发展困境等。外部激励因素包括来自国际竞争压力、国外先进经验的传播、国外的政治压力以及国际各类通用标准的影响等。一个国家通常会在一系列内部、外部因素的影响和作用下产生促进经济发展的动机，是一种寻求"改变"以生存和发展的动机。这种动机是一个国家体现其"认知"能力的初始起点。"动机"使国家意识到问题的存在，进而又将其发展为理性认知。这种理性认知的过程包括以下几个方面：①从问题的选择上看，国家需要从复杂的政治、经济环境中找到亟须解决的重要问题，而这些问题必定对该国经济具有显著的阶段性影响。②从认知的具体内容上看，国家需要对每个问题的产生原因和背景、选择"无为"的后果，以及选择"有为"的优势和阻力做出全面的判断。③从时间维度上看，国家要对不同发展问题的"优先级"进行选择。④从结构维度上看，国家需要对不同发展问题的协调性有全局性的把握。这样的一种包括"选择问题"、"具体分析"、"确定优先级"，以及"进行协整性分析"在内的认知过程构成了一个国家理性认知"阶段性发

展问题"的主要内容。理性分析是国家进一步就具体问题进行可行性研究和决策的基础。

(2)"决策"能力。"决策"能力是国家对需要构建制度体系的具体领域做出选择时所体现出来的能力。"决策"的内容较"认知"阶段更加微观。一个国家在基本确定其阶段性行为结构和对象以后,需要对解决问题的途径进行进一步的分析和选择。而在这个过程中,缺乏理论支撑的选择是盲目的。即使是"摸着石头过河",理论依托和经验比较也是十分必要的。基于理论研究和经验比较之上的决策能力是国家能力的重要体现,它可以在很大程度上决定国家后期行为的成败。

(3)"实现"能力。在理性认知、理论分析和经验比较之后的阶段是国家决策的实践阶段。在这个阶段中,国家体现的是一种"实现"能力。这种"实现"能力是指国家在其综合制度体系下实现预期目标的一种能力。"实践"是国家行为的过程,而"实现"是行为的结果。国家的预期目标能否实现主要取决于国家是否能够按照理想的行为过程推进目标制度和体系的构建。即使国家的制度设计是理性的且具备顺利推行的内外部条件,现实中存在的各种阻碍因素也有可能使国家无法完全将期望目标实现。因此,这里所说的"实现"能力主要体现在两个方面:行为过程的设计和安排是否合理;对阻碍因素的应对措施是否有效。国家需要通过建立约束机制来规范和监督行为主体的行为,同时构建激励机制来提高行为主体积极实现制度绩效的动机。约束机制主要包括制定规章、政策和法律条文等;激励机制主要包括利益分配机制和评价与奖励机制等。从广义的制度内涵来看,约束机制和激励机制都是以制度的形式出现的。阻碍因素则包括:旧制度和经济运行模式的惰性、新制度和运行模式的不合理性、来自利益集团的影响和来自文化的抵制作用等。"实现"能力是各层面国家能力的核心部分,对一个国家的经济发展起到决定性作用。

(4)"反思"能力。在这个层面,国家需要对其行为绩效进行分析,必要时根据绩效做出相应的调整,而这种"反思"又是重新产生新"认知"的必要过程。任何一种制度都应是不断演化和发展的,国家在这个过程中应该充当主要的角色。一个只顾提供短期制度供给而忽视长期制度效应的国家在"能力"上存在缺失。短期的制度供给不合理会牵制相关制度体系的构建和发展。虽然不同程度的不合理性是不可避免的，但是国家仍然可以通过评价和调整来规范新制度的演化方向。在这个过程中，国家发挥的是一种"反思"能力和"再行动"能力。一旦国家形成了一种行为习惯，即"认知—行动—反思—再行动"的行为模式，那么国家制度体系的发展过程将会是一个优循环过程。"调整"和"演化"意味着对先前行为的部分否定，而合理的否定是不应该受到排斥的。因此，这种"反思"能力不仅包含对制度合理性和行为绩效的判断能力，还包含自我否定和改进的能力。

二、基于上述分析框架，进一步构建了国家能力与研究型合资企业（RJV）之间的分析框架

RJV 拥有多元研发主体，可以在改善高新技术企业研发效率的同时提高社会总体研发水平。从企业层面上看，RJV 的形成有利于企业研发成本的节约和资源的有效配置。由于高昂的研发成本以及研发成果的不确定性，高新技术企业常常缺乏独立进行重大技术研发的动机，而通过技术贸易获得技术成果的方式除了可能付出高昂的交易成本以外，还会使高新企业在一定程度上失去市场竞争中的技术优势与主动权。不同企业、大学和政府实验室等研发主体共同建立 RJV 进行研发可以使企业共同参与由单个企业无法实现的研发活动。具体来说，一方面可以分摊研发成本、降低研发风险、将不同技术资源在市场上转移和交易的费用转化为 RJV 内部的研发管理成本；另一方面还可以充分利用不同资源主体的差异性和互补性，更加有效地配置研发资源，促进技术研发绩效的形成。

从社会层面上看，RJV 是解决研发正外部性和市场失灵问题的有效企业组织模式。由于新技术研发的正外部性特征，研发主体通常不能占有其研发成果的全部收益，总体研发水平常处于低于社会最佳水平的状态，研发市场的失灵现象继而出现。完善的专利制度可以在一定程度上将这种外部性内在化。政府通过给予发明者对其研发成果的专利权来保护其合法收益，从而激励企业增加技术研发的投入。而 RJV 在帮助解决正外部性和市场失灵方面的作用主要包括两个方面：企业等研发主体可以通过形成技术联盟将其各自的研发外溢内部化到 RJV 中，将独立企业之间的知识外溢转

变为企业成员之间的"内部外溢",并共享技术信息和成果;政府可以通过补贴具有正外部性的研发活动来提高研发投入的社会水平。政府可以作为参与研发的成员向 RJV 投入人力资本、设备或资金,也可以以补贴等形式资助 RJV 的研发活动,进而帮助解决市场失灵的问题。此外,RJV 的形成可以有效降低重复研发的可能性,这无论对于社会还是对于单个企业都是有益的。

研究型合资企业(RJV)是一种企业组织模式,它的发展必然受到那些约束一般类企业发展的各种因素的影响。

任何一种企业的发展都要沿袭其国家历史上企业发展的一些特征。社会制度对企业发展的制约虽在 21 世纪显著降低,但也仍然存在。企业制度发展的历史和社会制度形态的演变会对 RJV 的发展起到一定程度的约束作用。在发达国家,企业制度由来已久,那么建立在一种稳定的企业制度结构上的新型企业组织模式更加容易得到发展。

来自国内和国际市场上的竞争压力、企业家的创新理念等因素也以某种方式影响着企业参与 RJV 的动机。国内、国际巨大的竞争压力使技术更新的周期不断缩短。企业等创新主体为了寻求生存会选择一种应对竞争压力的战略方式。而合作研发可以降低研发风险、通过聚集研发资源帮助缩短研发周期,提高其在竞争中取胜的几率。

企业家的创新理念对 RJV 的发展也能起到关键作用。企业家的创新理念不仅指企业家参与创新的意识,还指对创新方式的选择等有利于企业有效创新实现的判断和认知。这里所谓的创新理念不仅指对创新所持的观点和态度,还指理念本身的不断创新。

某种企业组织发展的程度和效果除了受到上述一般性因素的影响以外,还受到国家制度的约束和激励。国家能力对企业组织发展的约束是一切制度影响的根源。国家能力的约束力体现在如下几个方面:国家在阶段性"均衡"状态下的主观认知能力、对多种组织模式的判断和选择能力、对目标的实现能力,以及对国家自身行为的反思能力。国家的作用不是简单的制度供给,而是对制度供给提供的时间、内容和所带来的绩效等一系列问题进行思考和行动后产生的综合效应。通常,一般的企业组织可以在市场经济环境下得到良好的发展,国家只需提供必要的制度供给便可以使其作为一种重要的经济实体为经济的稳定和增长做出贡献。然而对于市场失灵存在的领域，企业的发展不仅需要内在的发展动力（如企业家的创新理念和才能）和外在激励（如激烈的国际竞争），源于国家能力的制度影响也是不可或缺的，即国家在应对市场失灵时的经济问题时应该起到积极和理性的指导作用。在技术研发领域，美国这样的崇尚"市场作用"的资本主义国家也不再"袖手旁观"，相继出台了一系列促进科技发展和技术合作研发的政策和法案进行干预，构建了一个有效的制度框架。其制度框架的核心是良好的市场经济运行基础，国家的制度供给在很大程度上起到的是激励和促进资源重组的作用。而在市场经济运行尚不健全的经济环境中，有效制度框架的构建却存在难度。其原因包括：企业的内在动能不够、对政府的依赖过多、对资源的整合能力较差、对激励和监督机制的反应不够敏感等。虽然事前的基础不同，国家仍然可以通过充分发挥其能力来改变预期的发展结果。国家可以对经济运行的某个领域给予有效的局部制度"弥补"。所谓局部制度"弥补"，指国家用有效的制度安排来弥补经济主体运行过程中内生动能的缺失部分，使其达到与健全经济运行体相同的绩效。合作研发是一个特殊的经济发展领域，由于技术知识的种种特点，市场失灵现象普遍存在，国家能力的重要性对每个国家来说都是不言而喻的。

三、对 RJV 的发展模式进行了国际比较，目的在于分析国家能力所起到的重要作用

当今世界，发达国家纷纷采取措施不断构建和完善自身的技术创新体系，并为创新主体"高新技术企业"提供了优越的发展环境。其中，对 RJV 的支持是众多发达国家用以推动技术创新的重要手段。本书从国家能力的四个层面（即"认知—选择—实现—反思"）分析了不同国家的国家能力对其本国 RJV 发展的促进效应。发达国家 RJV 的发展较为成熟，通过比较和分析，笔者就发达国家之国家能力的相似之处得出以下结论：

无论是"初始"认知，还是"反应"认知，这些国家都认识到了"整合技术资源"的重要性，并对各自的优势和国情做出了深入的判断。即这些国家无论是出于自身发展的需要还是竞争压力，都意识到了合作研

发的重要性。例如，美国意识到其《反垄断法》已经在一定程度上限制了合作研发的发展；英国认识到其对生物和医药领域研究的相对优势；日本很早就意识到了信息技术对未来经济的影响；欧盟对构建一个欧洲范围内的庞大技术网络的认知等。

这些国家选择 RJV 这种实体型合作模式作为促进合作研发的重要组织选择，且企业是 RJV 的重要成员。我们发现，在发达国家构建的技术创新体系中，作为实体型合作模式的 RJV 是各国制度体系中的一个重要分支。虽然具体的名称不同，但都具备我们对 RJV 的界定方式，有别于松散的合作联盟。且各国对企业的主导作用都尤为重视，无论是源于企业自身的动机还是源于国家的激励，企业在 RJV 中无论从数量还是从投入的资金方面都占有主要地位。

这些国家促进 RJV 发展的"实现"能力较强。激励、管理和监督机制是本书笔者提出的、体现国家"实现"能力的三个维度，而这些在上述发达国家都有不同程度的体现。发达国家对于 RJV 的激励主要是通过项目资助的方式实现的，同时还设立专门的机构对 RJV 的申请和运行进行管理，并且十分重视对合作绩效的监督。虽然不同国家在不同维度上的比较各有特点，但其整体上都形成了一个有利于目标"实现"的制度体系。这些制度的目的性和可操作性较强，加之发达国家企业自身的发展也比较成熟，进而不同研发主体得到了有效的激励，RJV 在多数情况下也实现了国家预期的绩效。

除了上述有关国家能力的共性，不同国家在促进 RJV 的发展过程中也有各自的显著特征。在日本，国家整体对 RJV 的发展起到了更加主导性的作用，对参与重要 RJV 的企业进行严格的挑选，可能还会对一些动机不足的企业施加压力，以形成最佳的合作成员组合对特定目标进行集中研发。对于实验室的选择也在国家的监管下进行合理细分，且研究内容十分清晰，以求通过最为有效的研发分工来降低研发的时间成本。同时，日本的金融业、银行业等投资主体都会积极配合国家的政策导向，为 RJV 提供无息"津贴贷款"，而这种"贷款"在一些情况下无异于政府的直接资助。此外，国家对 RJV 运行中可能出现的机会主义行为进行严格的监控，对运行绩效进行评估。我们不能说日本的国家能力因此而表现得强大，但通过日本 20 世纪半导体技术的迅猛发展以及其给美国和欧洲国家带来的巨大压力来看，日本在这段特定的历史时期所体现的"认知"能力和"实现"能力较强，这些国家行为体现了日本国内资源的整体网络性以及其对本国资源较强的控制力。后期日本开始广泛促进各个领域 RJV 的发展，将这种组织优势从 VLSI 扩展到社会更加广泛的领域。

欧洲大陆 RJV 的发展主要依靠欧洲国家共同建立的框架（FWP）项目和 EUREKA 项目，同时，各国也都有各自用来促进合作研发的项目。英国是最早意识到并积极参与到合作研发活动中的欧洲国家。英国最为突出的一个特征即其构建了一个简单而清晰的制度框架和定位。在促进 RJV 的发展项目中，ATP 和 LINK 的定位却十分明确。欧洲国家的这些国内的项目为其 RJV 的发展提供了不同层面和角度的合作平台，对 FWP 和 EUREKA 起到了很好的补充作用。

美国的各类法案对其 RJV 的发展至关重要，相比之下，其对 RJV 的监管力度不及日本，采取了较为宽松和自由的模式。美国所选择的从法律角度对 RJV 进行保护和支持的路径与其较为健全的企业制度和较高的合作动机是相符合的。与美国相比，英国和澳大利亚对 RJV/CRC 运行的监督力度较大，英国政府在贸易产业部特设的理事会专门组织和管理企业部门之间的合作，并有学术界的三个主要机构对其进行独立评估。澳大利亚的统计局和项目评估机构对 CRC 的发展给予了高度的关注。

通过上述分析和比较我们看到，虽然不同国家的国家能力在不同层面上的体现各有不同，但最终对各国合作研发绩效和经济发展的影响却是显著的。对于中国 RJV 的发展，我们可以借鉴发达国家的发展路径，并结合国情选择一条适合中国发展的制度选择。在此过程中，中国需要充分发挥其各个层面的国家能力。从"认知"到"反思"，RJV 能否给中国经济带来新的发展机遇，需要国家能力的提高或重塑。

四、对中国合作研发的发展状况和特征进行了分析，并从国家能力的视角对中国产学研合作实体——RJV 模式的发展提出了政策建议

研究型合资企业是否能在中国得到合理的发展取决于国家能力能否得

到重塑。国家能力的内涵包括"认知"能力、"决策"能力、"实现"能力和"反思"能力四个方面。国家需要重新塑造自身的"认知"能力、"决策"能力、"实现"能力和"反思"能力，而国家能力在各个方面的重塑可以分为三个维度：能力实施的范围、能力实施的强度以及能力实施的内容。"认知"到"反思"的范围、程度和内容是国家重塑其能力的切入点。国家对 RJV 的深入认知、从众多组织模式中做出的决策、为支持 RJV 所提供的具有合理制度框架，以及对政策绩效的反思都需要从不同维度进行重新塑造。国家能力的重塑实际上是通过对国家能力实施的不同维度进行调整，进而使国家能力得到充分的发挥以最终促进经济和社会的发展。

国家的"认知"能力体现在对中国合作研发的特征和影响因素的分析上。中国合作研发的主要特征包括：中国的实体型合作研发模式多为一个企业与一所（或多所）大学/科研院所之间的合作，且参与合作的企业通常是具有一定实力的大企业；中国合作研发的运行方式较为松散。合作通常以"中心"的形式出现，而这种"中心"与发达国家的同类"中心"（Centers）有所不同；中国合作研发的制度运行环境相对自由。缺少针对性很强的管理机构和项目支持。而影响中国合作研发发展的因素包括：中国合作研发的发展环境、国家对不同组织模式的选择和支持，以及国家所提供的制度供给的合理程度。

国家的"决策"能力体现在对 RJV 模式的合理性和可行性的判断上。RJV 对于中国的合作研发所能够起到的作用可以重点归纳为如下几个方面。通过 RJV 提高研发主体的合作研发动机。国家通过出台政策和计划来促进 RJV 的发展可以有效提高研发主体之间的合作动机，尤其有利于市场失灵导致的企业之间较低的合作动机；通过 RJV 提高研发主体之间合作的契合度。合作主体之间的契合度对于合作体的绩效来说十分重要。契合度越高，合作的阻力就较小，这有利于合作绩效的实现；通过 RJV 提高研发合作的经济绩效。在国家的制度支持下，RJV 有可能提高单个企业的经济绩效和整个社会的福利。

国家可以通过发挥"实现"能力构建合理的制度框架以支持 RJV 的发展，其核心包括创新的激励、管理和监督机制的构建和完善。

RJV 的发展需要有效的激励机制。对于 RJV 来说，激励包括两个方面，一方面是促进 RJV 成功组建的激励因素，另一方面是促进 RJV 顺利运行、使内部成员充分参与研发并共享成果的激励因素。RJV 的内部激励主要通过董事会及管理层来提供。而国家对 RJV 组建的外部激励可以通过制订促进 RJV 发展的科技计划来实现："计划"的首要内容是对 RJV 的内涵进行界定；"计划"需要对资助的比例和方式进行规定；"计划"需要着重强调企业的参与程度；"计划"要对研发成果的 IP 问题进行详细的规定；"计划"需要涉及研发成果的商业化问题；"计划"需要涉及 RJV 的退出机制。

RJV 的良好发展需要国家提供有效的创新管理机制。国家对 RJV 的管理机制主要包括以下几个方面：RJV 申请的审批和备案；设立相应的绩效评估机构；为合作研发提供有效的信息平台。

除了上述三个维度的"实现"角度，国家还应该发挥其综合制度能力以支持 RJV 的发展，其中具体包括：提高大学教育与技术产业发展的契合度；优先使用 RJV 的成果转化品；对国内的先进技术和科技产品给予一定程度的保护；适度调整产业政策以配合 RJV 的发展。

国家的"反思"能力体现在其对一种微观组织模式的发展所做出的思考和调整之上。RJV 是否给经济带来期望的绩效、国家提供的制度支持是否合理、是否低估了 RJV 发展的各种阻力等问题都是国家需要关注的领域。制度是不断发展和演化的，这源于制度自身的灵活性质。然而，彻底改变一种制度或对旧制度进行调整是需要时间的。"反思"不是一个盲目否定的过程，而是一个"理性评价"和"再决策"过程。反思能力是国家较难把握的一种能力，由于制度设计的绩效评价有可能存在难度，同时，各种阻碍因素又错综复杂，反思后做出的不合理决策可能使原有的经济和制度问题复杂化，并逐渐使制度陷入无效的运行环境之中。

我们很难从世界经济的大环境中找到一个适合中国发展的模板。我们可以借鉴发达国家 RJV 的发展经验，但同时必须结合中国的具体情况。在出台 RJV 发展政策之前，国家可以综合各种方式来降低后期需要调整的可能性。例如，充分研究和综合各方面专家和学者的意见、设立专门的调研小组进行实际考察等。而如果我们所构建的 RJV 发展框架没能完全符合事先的预期，则需要国家对其原因进行深入思考，进而对政策进行适度的调整。

本书以其构建的国家能力分析框架为主线，分析了发达国家对 RJV 发展的核心作用，并从国家能力的四个层面分析了中国发展 RJV 的现状、影响因素以及合理性，并为 RJV 在中国的发展提出了具体的政策建议。本书以宏观的国家能力框架为起点，逐层分析至 RJV 发展的微观问题，将国家能力的分析视角运用于经济发展的领域。我们可以借鉴发达国家 RJV 发展模式中的优秀经验，然而更为重要的是，我们可以从中探索国家能力的"实践路径"，这不仅与 RJV 发展模式背后深层次的制度因素相关，还和与制度供给紧密相关的"认知"、"决策"和"反思"过程相关联。而国家体现在包括"实现"过程在内的一种综合能力即构成了本书构建的国家能力分析框架。

我们不能轻易断定 RJV 在中国存在的必然性。但通过分析，RJV 是我们可以积极尝试的一种选择，其合理性和必要性是存在的。同时，我们需要看到的是，虽然中国的合作研发现状中存在若干问题，但我们不能简单地认为中国的国家能力不强，国家能力的大小不仅要看其产生的效果，同时也要看到现实中的阻碍因素，其中包括经济发展的基础、市场的健全程度、企业制度的发展等。应该说国家能力的发挥也要受到诸多因素的影响，而这些因素中有相当一部分可视为国家不可控或很难控制和加以影响的。因此，本书探讨的不是发达国家与中国国家能力的大小问题，其所关注的是中国的国家能力在促进合作研发的过程中可以尝试的一种"重塑"。所谓国家能力的"重塑"是指国家通过对现有发展问题进行理性认知和决策后，重新构建制度体系并不断反思的一个过程。我们不能说"重塑"后国家能力一定有所提高，但我们所期望的是"重塑"能使国家走上更合理的行为轨道。此时，国家能力所体现的具体领域、层面、程度或方式可能会发生变化，而这种结构上的变化可能会改变国家能力所产生的效果。

本书在如下几个方面仍然存在局限性：①对于国家能力的评价以定性评价为主，尚未找到一种合理的定量评价体系。②由于数据收集中存在的困难，RJV 的国际比较内容不是完全对称的。同时，由于中国产学研合作相关数据的局限，尚不能对其做出系统的数据分析。笔者将在今后的研究工作中继续深入探究，为中国合作研发活动的发展提供更加科学的研究成果。

参考文献

［1］本·斯泰尔，戴维·维克托，理查·德内尔森．技术创新与经济绩效．上海：上海人民出版社，2005．

［2］陈小洪．产业联盟与创新．北京：经济科学出版社，2007．

［3］樊春良．全球化时代的科技政策．北京：北京理工大学出版社，2005．

［4］范德成，唐小旭．我国各省市产学研结合技术创新的绩效评价．科学学与科学技术管理，2009（1）．

［5］高建．中国企业技术创新分析．北京：清华大学出版社，1997．

［6］郭根山，刘玉萍．改革开放以前新中国经济增长存在的问题及原因分析．河南师范大学学报：哲学社会科学版，2007（7）．

［7］黄宝玖．国家能力：涵义、特征与结构分析．政治学研究，2004（4）．

［8］黄宝玖．国家能力研究述评．三明学院学报，2006（1）．

［9］景维民，孙景宇．转型经济学．北京：经济管理出版社，2008．

［10］李厚廷．论制度转型期的机会主义．徐州师范大学学报：哲学社会科学版，2007（5）．

［11］李丽青．企业 R&D 投入与税收政策研究．北京：中国言实出版社，2008．

［12］刘刚．企业的异质性假设：对企业本质和行为的演化经济学解释．北京：中国人民大学出版社，2005．

［13］刘力．走向"三重螺旋"：我国产学研合作的战略选择．北京大学教育评论，2004（4）．

［14］刘力．产学研合作的沃里克模式和教学公司模式：英国的经验．外国教育研究，2005（10）．

［15］刘婷婷．研究型合资企业在滨海新区发展战略研究：基于投融资路径多样化的视角．东南学术，2009（7）．

［16］刘婷婷．研究型合资企业（RJV）的国际发展路径及其政策启示．商业研究，2009（9）．

［17］刘婷婷，张慧君．转型深化进程中的国家治理模式重构．俄罗斯研究，2008（6）．

［18］刘婷婷．国家能力约束下的研发合作发展研究．东岳论丛，2011（5）．

［19］贾恩弗朗哥·波齐．国家：本质、发展与前景．陈尧，译．上海：上海人民出版社，2007.

［20］斯坦利·布鲁．经济思想史：第6版．焦国华，韩红，译．北京：机械工业出版社，2003.

［21］齐欣，刘婷婷．研究型合作企业（组织）发展综述．生产力研究，2007（11）。

［22］钱富新，刘志国，吴玲．制度变迁过程中的文化因素分析．中共中央党校学报，2004（11）。

［23］芮明杰，袁安照．现代公司理论与运行．济南：山东人民出版社，1998。

［24］时和兴．中国传统治道之源：对《论语》中政治管理思想的现代诠释．北京大学学报：哲学社会科学版，1996（4）．

［25］宋玉波．西方国家利益集团的政治功能分析．求实，2004（7）．

［26］孙福全，陈宝明，王文岩．主要发达国家的产学研合作创新：基本经验及启示．北京：经济管理出版社，2007.

［27］孙福全，王伟光，陈宝明．产学研合作创新：模式、机制与政策研究．北京：中国农业科学技术出版社，2008.

［28］孙明军．中国国家能力研究．上海社会科学院学术季刊，2000（2）．

［29］王安宇．合作研发组织学：组织模式、治理机制与公共政策．上

海：立信会计出版社，2007.

[30] 王飞，王秀丽，刘文婷．我国产学研合作研究追溯及简评产业与科技论坛，2008（7）．

[31] 王立宏．文化演化与经济制度变迁．黑龙江社会科学，2005（1）．

[32] 王丽云，王华荣，朱耀顺．浅析罗斯福新政与凯恩斯理论的关系．云南农业大学学报，2008（6）．

[33] 王绍光，胡鞍钢．中国国家能力报告．沈阳：辽宁人民出版社，1993。

[34] 王世才．社会政治矛盾对俄罗斯经济的影响．世界经济与政治，1999（9）．

[35] 汪永成．政府能力的机构分析．政治学研究，2004（2）．

[36] 吴敬琏．当代中国经济改革．上海：上海远东出版社，2003.

[37] 徐志坚．以产学研合作为突破口，加快建设国家创新体系．中国科技产业，2007（1）．

[38] 克里斯托夫·弗里曼．技术政策与经济绩效：日本国家创新系统的经验．张宇轩，译．南京：东南大学出版社，2008.

[39] 袁峰．制度变迁与稳定：中国经济转型中稳定问题的制度对策研究．上海：复旦大学出版社，1999.

[40] 袁艺，茅宁．从经济理性到有限理性：经济学研究理性假设的演变．经济学家，2007（2）．

[41] 翟瑞升，杨紫薇．我国产学研合作发展理论初探．华商，2007（26）．

[42] 张亿．利益集团分析框架下的体制改革绩效评价与利益协调机制研究．福州：福州大学硕士学位论文，2006.

[43] 詹正茂，王裕雄，孙颖．创新型国家建设报告：2009．北京：社会科学文献出版社，2009.

[44] 赵艳霞．近年我国学术界对中苏关系恶化原因研究综述．株洲示范高等专科学校学报，2003（12）．

[45] 郑逢波．合作创新激励研究．北京：经济科学出版社，2008.

［46］中国企业评价协会. 中国企业自主创新评价报告. 北京：中国经济出版社，2009.

［47］Aggelos Tsakanikas, Yannis Caloghirou. RJV Formation by European Firms: Strategic Considerations, in: Yannis Caloghirou, Stavros Ioannides and Nicholas S. Vonortas, eds. European Collaboration in Research and Development. 2004.

［48］Amit R, Schoemaker P J H . Strategic Assets and Organizational Rent. Strategic Management Journal, 1993（14）: 33 – 46.

［49］Arrow K J . Economic Welfare and the Allocation of Rresources for Invention, in: R R Nelson, eds. The Rate and Direction of Inventive Activity: Economic and Social Factors. Princeton, NJ: Princeton University Press for the NBER, 1962.

［50］Bettis, Richard A, Prahalad C K. The Dominant Logic: Retrospective and extensions. Strategic Management Journal, 1995（16）: 5 – 14.

［51］Brander J, Spencer B. Strategic Commitment with R&D: The Symmetric Case. Bell Journal of Economics, 1983（14）: 225 – 235.

［52］Brockhoff K, Teichert T. Cooperative R&D and Partners' Measures of Success. International Journal of Technology Management, 1995（10）: 111 – 123.

［53］Caloghirou Y, Hondroyiannis G, Vonortas N. The Performance of Research Partnerships. Managerial and Decision Economics, 2003（24）: 85 – 99.

［54］Caloghirou Y, Vonortas N S, Ioannides S. Science and Technology Policy Towards Research Joint Ventures. Science and Public Policy, 2002（29）: 82 – 94.

［55］Caloghirou Y , Vonortas N S. Science and Technology Policies Towards Research Joint Ventures. Final Report, Project SOE1 – CT97 – 1075, TSER, European Commission, DG XII, 2000.

［56］Chiesa V , Manzini R. Organizing for Technological Collaborations: A managerial Perspective. R&D Management, 1998（28）: 199 – 212.

［57］Ciborra C. Alliances as Learning Experiences: Cooperation, Competition and Change in High – tech Industries, in: L. Mytelka, eds. Strategic Partnerships and the World Economy. London: Pinter Publishers, 1991.

[58] Dasgupta P , Stiglitz J. Industrial structure and the nature of innovative activity. Economic Journal, 1980 (90): 266 – 93.

[59] D'Aspremont , Jacquemin . Cooperative and Noncooperative R&D in Duopoly with Spillovers. The American Economic Review, 1988 (78): 1133 – 1137.

[60] Davis Lance , Douglass C North. Institutional Change and American Economic Growth, London: Cambridge University Press, 1971.

[61] De Bondt R, Veugelers R. Strategic Investment with Spillovers. European Journal of Political Economy, 1991 (7): 345 – 366.

[62] Dixit A K, Stiglitz J E. Monopolistic Competition and Optimum Product diversity. American Economic Review, 1977 (67): 297 – 308.

[63] Dodgson M. Technological Learning, Technology Strategy and Competitive Pressures. British Journal of Management, 1991 (2): 133 – 149.

[64] Antonel G. Malaman in La Trasformazione Difficile, Sesto Rapporto CER – IRS, 1993.

[65] Gil Molto M J, Georigantzis N , Orts V. Cooperative R&D with Endogenous Technology Differentiation. Journal of Economics and Management Strategy, 2005 (14): 461 – 76.

[66] Glaisterand K W, Buckley P J. Strategic Motives for International Alliance formation. Journal of Management Studies, 1966 (33): 301 – 332.

[67] Granstrand O, Oskarsson C, Sjoberg N , Sjolander S. Business Strategies for Development: Acquisition fo New Technologies. Working paper, Chalmers University of Technology, 1990.

[68] Hamel, Gary . Competition for Competence and Inter – partner Learning within International Strategic Alliances. Strategic Management Journal, 1991 (12): 83 – 103.

[69] Hernan R, Marin P, Siotis G. An Empirical Evaluation of the Determinants of Research Joint Venture Formation. Research Paper Prepared for the

Project "Science and Technology Policies Towards Research Joint Ventures", Project SOE1 – CT97 – 1075, TSER, European Commission, DG Ⅻ. 1999.

[70] Jaffe A. Economic Analysis of Research Spillovers: Implications for the Advanced Technology Program. Discussion Paper. Advanced Technology Program. Gaithersburg, MD: National Institute of Standards and Technology, 1996.

[71] Jeremy Howells. Research and technology outsourcing. Technology Analysis & Strategic Management, 1999 (11): 17 – 29.

[72] Joshi S, Vonortas N S. Two – stage R&D Competition: An Elasticity characterization. Southern Economic Journal, 1996 (62): 930 – 937.

[73] Kamien M I, Muller E, Zang I. Research joint Ventures and R&D Cartels. American Economic Review, 1992 (82): 1293 – 1306.

[74] Katharine Barker, Luke Georghiou , Hugh Cameron. United Kingdom Public Policies and Collaboration in R&D, in: Yannis Caloghirou, Stavros Ioannides and Nicholas S. Vonortas, eds. European Collaboration in Research and Development, 2004: 87 – 207.

[75] Kathleen M Buyers , David R Palmer. The MCC: An Assessment from Market and Public Policy Perspectives. Administration & Society, 1989 (21): 101 – 127.

[76] Katz M L, Ordover, Janusz A. R&D Cooperation and Competition. Brookings Papers on Economic Activity: Microeconomics, 1990.

[77] Katz M L. An Analysis of Cooperative Research and Development. Rand Journal of Economics, 1986 (17): 527 – 43.

[78] Keith W Glaister , Peter J Buckley. Strategic Motives for International Alliance Formation. Journal of Management Studies, 1996 (33): 301 – 332.

[79] Klaus Gugler , Ralph Siebert. Market Power Versus Efficiency Effects of Mergers and Research Joint Ventures: Evidence from the Semiconductor Industry. The Review of Economics and Statistics, 2007 (89): 645 – 659.

[80] Kogut B. Joint Ventures: Theoretical and Empirical Perspectives. Strategic Management Journal, 1988 (9): 319 – 332.

[81] Kogut B. A Study of the Life Cycle of Joint Ventures, in: F. J. Con-

tractor and P. Lorange eds. Cooperative Strategies in International Business. Lexington, MA: Lexington Books, 1988.

[82] Lars – Hendrik Röller, Mikhel M Tombak , Ralph Siebert . Why Firms form Research Joint Ventures: Theory and Evidence. CIG Working Papers FS Ⅳ 97 – 106, WZB, Research Unit: Competition and Innovation (CIG), Revised Oct. 1997.

[83] Lars – Hendrik Röller, Ralph Siebert , Mikhel M Tombak. Why Firms Form (or don't Form) RJVs. CEPR Discussion Paper, 2005: 1645.

[84] Lee Branstetter , Mariko Sakakibara . Japanese Research Consortia: A Microeconometric Analysis of Industrial Policy. The Journal of Industrial Economics, 1998 (46): 207 – 233.

[85] Lemaitre N, Steiner B. Stimulating Innovation in Large Companies: Observations and Recommendations from Belgium. R&D Management, 1988 (18): 141 – 158.

[86] Levy, Jonah D, Richard J Samuels. Institutions and Innovation: Research Collaborations as Technology Strategy in Japan. Working Paper, MITJSTP 89 – 102. MIT Department of Political Science, Japan Program. 1989.

[87] Link A N, Zmud R W. R&D Patterns in the Video Display Terminal Industry. Journal of Product Innovation Management, 1984 (2): 106 – 115.

[88] Link A N, Tassey G. Strategies for Technology – Based Competition: Meeting the New Global Challenge. Lexington, MA: Lexington Books. 1987.

[89] Link A N, Bauer L L. Cooperative Research in U. S. Manufacturing: Assessing Policy Initiatives and Corporate Strategies. Lexington, MA: Lexington Books. 1989.

[90] Link A N. Strategies for Cooperation in R&D, in: T. Khalil and B. Bayraktar eds. Management of Technology. Miami: Institute of Industrial Engineering. 1990.

[91] Link A N. Research Joint Ventures in the United States: A Descriptive Analysis, in: Edwin Mansfield, Albert N. Link and F. M. Scherer, eds. Essays in Honor of Edwin Mansfield. New York : Springer, 2005: 187 – 193.

[92] Littler, Leverick, Wilson. Collaboration in new Technology Based Product Markets. International Journal of Technology Management, 1998 (5): 211.

[93] Llerena D. Cooperations Cognitive et Modeles Mentaux Collectives: Outils de Creation et de Diffusion des Connaissances, in: Guilhon B, Huard P, Orillard M, and Zimmermann J – B eds. Economie de la Connaissance et Organisations: Entreprises, Territoires, Reseaux. Paris: L'Harmattan, 1997: 356 – 382.

[94] Luigi Benfratello , Alessandro Sembenelli . Research Joint Ventures and Firm Level Performance. Research Policy. 2005 (31): 493 – 507.

[95] Maria Rosa Battaggion , Patrizia Bussoli . Italian Policy Regarding Cooperative R&D, in: Yannis Caloghirou, Stavros Ioannides and Nicholas S. Vonortas. European Collaboration in Research and Development. 2004.

[96] Martin S. Private and Social Incentives to Form R&D Joint Ventures. Review of Industrial Organization, 1944 (9): 157 – 171.

[97] Martin S. Spillovers, Appropriability and R&D. Working Paper, Centre for Industrial Economics, Institute of Economics, University of Copenhagen.

[98] Maskin E, Tirole J. A Theory of Dynamic Oligopoly, I: Overview and quantity competition with large fixed costs. Econometrica, 1988 (56): 549 – 569.

[99] Maskin E, Tirole J. A Theory of Dynaic Oligopoly, II: Price Competition, Kinked Demand Curves, and Edgeworth Cycles. Econometrica, 1988 (56): 571 – 99.

[100] Mireille Matt. Collaborative Research and Technology Policy in France, in: Yannis Caloghirou, Stavros Ioannides and Nicholas S. Vonortas, eds. European Collaboration in Research and Development. 2004.

[101] Morton I Kamien, Eitan Müller , Israel Zang . Research Joint Ventures and R&D cartels. American Economic Review, 1992 (82): 1293 – 1306.

[102] Nelson R R. The Simple Economics of Basic Scientific Research. Journal of Political Economy, 1959 (67): 297 – 306.

［103］Olson Mancur. The Logic of Collective Action. Harvard University Press, 1965.

［104］Pavitt K. International Patterns of Technological Accumulation, in: N Hood and J E Vahlne eds. Strategies in Global Competition, London: Croom Helm. 1988.

［105］Peck M J. Joint R&D: The Case of Microelectronics & Computer Technology corporation. Research Policy, 1986 (15): 219 - 231.

［106］Peterson J , Sharp M. Technology Policy in the European Union. New York: St. Martin's Press, 1998.

［107］Pindyck R S. Irreversibility, Uncertainty, and Investment. Journal of Economic Literature, 1991 (29): 1110 - 1148.

［108］Raphael Amit , Paul J H Schoemaker . Strategic Assets and Organizational Rent. Strategic Management Journal, 1993 (14): 33 - 46.

［109］Coase R H. The Nature of the Firm. Economica, New Series, 1937 (4): 386 - 405.

［110］Richard R Nelson. National Innovation Systems: A Comparative Study. New York: Oxford University Press, 1993.

［111］Richardson G B. The Organization of Industry. Economic Journal, 1972 (82): 883 - 96.

［112］Rigby, John , Luke Georghiou . Industry - science Relationships in the United Kingdom. Benchmarking Industry - Science Relationships, Paris: OECD, 2002: 109 - 158.

［113］Rosen R. Research and Development with Asymmetric Firm Sizes. RAND Journal of Economics, 1991 (22): 411 - 429.

［114］Sakakibara K. From Imitation to Innovation: The Very Large Scale Integrated (VLSI) Semiconductor Project in Japan. Working Paper, No. 1490, Sloan School of Management, M. I. T. , Cambridge, MA. 1983.

［115］Sakakibara M. Heterogeneity of Firm Capabilities and Cooperative Research and Development: An Empirical Examination of Motives. Strategic Management Journal, 1997 (18): 143 - 164.

[116] Scott, John T. Multimarket Contact and Economic Performance. The Review of Economics and Statistics, 1982 (64): 368 – 375.

[117] Scott, John T, George Pascoe. Purposive Diversification of R&D in Manufacturing. The Journal of Industrial Economics, 1987 (36): 193 – 205.

[118] Scott, John T. Diversification Versus Co – operation in R&D Investment. Managerial and Decision Economics, 1988 (9): 173 – 186.

[119] Scott, John T. Purposive Diversification and Economic Performance. New York: Cambridge University Press, 1993.

[120] Stephen Martin. Public Policies toward Cooperation in Research and Development: The European Union, Japan and the United States, in: L. Waverman, W. S. Comanor and A. Goto, eds. Competition Policy in the Global Economy, Routledge Studies in the Modern World Economy, London: Rotledge.

[121] Simpson R D, Vonortas N S. Cournot Equilibrium with Imperfectly appropriable R&D. The Journal of Industrial Economics, 1994 (42): 79 – 92.

[122] Spence A Michael. Cost Reduction, Competition, and Industry Performance. Econometrica, 1984 (52): 101 – 21.

[123] Suzumura K. Cooperative and Noncooperative R&D in an Oligopoly with Spillovers. American Economic Review, 1992 (82): 1307 – 1320.

[124] Tao Z, Wu C. On the Organization of Cooperative Research and Development: Theory and Evidence. International Journal of Industrial Organization, 1997 (15): 573 – 598.

[125] Teece D J, Rumelt R, Dosi G, Winter S G. Understanding Corporate coherence: Theory and Evidence. Journal of Economic Behavior and Organization, 1994 (23): 1 – 30.

[126] Vonortas N S. Inter – firm Cooperation with Imperfectly Appropriable Research. International Journal of Industrial Organization, 1994 (12): 413 – 435.

[127] Vonortas N S. Cooperation in Research and Development. Boston, MA; Dordrecht, Netherlands: Kluwer Academic Publishers.

[128] Vonortas N S. Research Joint Ventures in the United States. Re-

search Policy, 1997 (26): 577 - 595.

[129] Vonortas N S, Yongsuk Jang. Diversification Patterns in Research Joint Ventures. Discussion paper. Center for International Science and Technology Policy. The George Washington University, 1997.

[130] Vonortas N S. How Do Participants in Research Joint Ventures Diversify? Review of Industrial Organization, 1999 (15): 263 - 281.

[131] Vonortas N S. Technology Policy in the United States and the European Union: Shifting Orientation towards Technology Users. Science and Public Policy, 2000 (27): 97 - 108.

[132] Vonortas N S. Business Diversification Through Research Joint Ventures: Advanced Technology Program. Report. National Institute of Standards and Technology, Gaithersburg, MD: NIST. 2000.

[133] Vonortas N S. Multimarket Contact and Inter - firm Cooperation in R&D. Journal of Evolutionary Economics, 2000 (10): 243 - 71.

[134] Streeck W, Schmitter P. Private Interests Government: Beyond Market and State. London: Sage Publications, 1985.

[135] White L J. Clearing the Legal Path to Cooperative Research. Technology Review, 1985 (88): 39 - 44.

[136] Yannis Caloghirou, Nicholas S Vonortas, Stavros Ioannides. European Collaboration in Research and Development. Edward Elgar Publishing Inc. 2004.

[137] Yannis Caloghirou , Nicholas S Vonortas . RJVs in Europe: Trends, Performance, Impacts, in: Yannis Caloghirou, Stavros Ioannides and Nicholas S Vonortas. European Collaboration in Research and Development. Edward Elgar Publishing Inc. 2004.

[138] Yannis Caloghirou, George Hondroyiannis , Nicholas S Vonortas . The Performance of Research Partnerships. Managerial and Decision Economics, 2003 (24): 85 - 99.

[139] Yannis Caloghirou, Stavros Ioannides, Aggelos Tsakanikas , Nicholas S Vonortas . Subsidized Research Joint Ventures in Europe, in: Yannis Cal-

oghirou, Stavros Ioannides and Nicholas S Vonortas, eds. European Collaboration in Research and Development. Edward Elgar Publishing Inc. 2004.

[140] Yannis Caloghirou, Stavros Ioannides, Nicholas S Vonortas. Research Joint Venture: A Survey of the Theoretical Literature, in: Yannis Caloghirou, Stavros Ioannides and Nicholas S Vonortas, eds. European Collaboration in Research and Development. Edward Elgar Publishing Inc. 2004.

[141] Yan A, Gray B. Bargaining Power, Management Control, and Performance in United States – China Joint Ventures: A Comparative Case Study. Academy of Management Journal, 1994 (37): 1478 – 1517.

后 记

本书是我在 2010 年完成的博士学位论文的基础上修改而成的。首先，我要感谢我的导师景维民教授，自 2007 年入学以来在学术领域给予我的细心指导和指引。景教授严谨的治学风范、开阔的研究视角以及深厚的专业素养使我在三年的求学过程中受益匪浅。2008 年，在景教授的支持和鼓励下，我成功申请了联合培养项目赴澳大利亚悉尼大学留学，其间，我收集的一手资料以及与国外导师的学术交流对本书的撰写起到了很重要的作用。

在此，我还要特别感谢我的硕士导师齐欣教授。齐教授博学多识、才华横溢、气质非凡，是引领我涉足研究型合资企业（RJV）研究的启蒙恩师。在读本科和硕士期间，齐教授为我搭建了很好的学术平台和发展空间，并在我的研究过程中给予了很多专业指导和灵感。同时，齐教授在我的工作和生活方面也帮助很大，我的每一点进步都与齐教授的关心和指导密不可分。

同时，我要感谢我的三位师兄：孙景宇、张慧君和王永兴。他们品学兼优，均具有很强的学术研究能力。这些深深影响着我对学术研究的态度。尤其要感谢张慧君师兄在研究方法和研究思路方面给予我的长期指导和耐心帮助。

最后，我要感谢国家对我的培养，感谢父母二十多年来在学业和品德等方面对我的培养，感谢他们对我无微不至的关心、爱护和支持！

刘婷婷

2011 年 9 月